공병호의
우문현답

공병호의
우문현답

힘들고
지칠 때마다
나를
잡아준
그 한마디

해냄

| 프롤로그 |

"박사님도 지칠 때가 있으세요?"
종종 독자들로부터 이런 질문을 받곤 합니다. 누구나 달리다가 주저앉고 싶을 때가 있습니다. 쉼없이 매일 스스로를 채찍질하며 열심으로 살아가고 있는 저도 물론 지치는 순간이 있습니다. 답답한 마음을 속시원하게 뚫어주는 무언가가 필요한데, 좀처럼 혼자 힘으로는 어찌할 수 없는 그런 순간들이 있습니다.

언제부터인가 제게는 작은 습관이 생겼습니다. 마음에 와닿는 책 속 한 문장, 감동을 주는 구절을 적어두고, 필요할 때마다 찾아보며 마음에 새기는 일입니다. 삶의 문제들이 매번 다르기에, 그때그때 마음에 와닿는 문장이 다르고, 감상도 달랐습니다. 그리고 시간이 흐르면서 그 문장들은 나이테처럼 제게 흔적을 남기고 공병호라는 한 사람을 형성하는 중요한 부분이 되더군요.

그렇게 오랜 시간 동안 제게 힘이 되었던 지혜의 말들을 모은 것이 바로 이 책입니다. 지치고 위안이 필요할 때 밑줄 그으며 되새겼던 문장들을 고르고, 제가 받았던 감동과 감상을 함께 적어두었습니다. 모두 일곱 개의 장으로 구성되어 있지만 언제 어느 장을 펼쳐도 그때그때 밑줄 긋고 싶은 문장들을 발견할 수 있을 것입니다.

  삶의 속도는 점점 빨라지고, 자기 중심을 유지하며 살기가 점점 어려워지고 있습니다. 우리의 삶에 정답은 없습니다. 그러나 인생을 대하는 방법을 조금씩 터득해 갈 수는 있겠지요. 끊임없이 찾아드는 인생의 물음에 이리저리 흔들릴 수밖에 없는 모든 분들에게 위안과 용기를 주고자 하는 저의 간절한 바람이 이 책에 담겨 있습니다.

  누군가의 글을 읽는다는 것은 자신의 정신 세계에 흔적을 남겨가는 일입니다. 어떤 책을 읽을 것인가, 어떤 문장을 마음에 새길 것인가는 아주 중요한 문제입니다. 저는 단 하나의 문장이 한 인간의 삶을 바꿀 수 있다고 생각합니다. 용기를 주는 문장, 힘이 되는 문장, 지혜가 담긴 문장들을 계속 차곡차곡 쌓아가려고 합니다. 제가 힘들 때마다 읽고 또 읽은 문장들이 독자 여러분이 각자 튼실한 자기만의 기반을 만드는 데 도움이 되기를 바랍니다.

2010년 9월

공병호

| 차례 |

프롤로그 4

공병호가 만난 지혜의 서재 258

1장 첫걸음을 내딛기 위하여 나를 긍정하다

나를 사랑하라 13 | 당신은 귀한 사람인가요? 14 | 내 삶의 이야기꾼은 나 15 | 나만의 '북극성'을 찾아서 16 | 누구나 잘하는 것이 있다 18 | 내가 받은 축복을 세어보라 20 | 자신감을 매일 축적하라 21 | 어떤 태도로 임하는가? 22 | 기대하는 만큼 날아오른다 23 | 나만이 나를 멈출 수 있다 24 | '입신'하기 위해 필요한 세 가지 26 | 있는 그대로 바라보라 28 | 어떤 선택을 할 것인가? 29 | 진정 강한 나무란 30 | 매일 좋은 습관을 가꾸어가라 31 | 때로 인생의 내리막이 찾아와도 32 | 나만이 할 수 있는 일을 하라 36 | 약점에 질 것인가, 맞설 것인가 37 | 무엇이든 이루고 싶다면 먼저 첫걸음을 떼라 38 | 행복하세요? 40 | 스트레스는 자연의 계획이다 42 | 과거의 노예가 되지 마라 43 | 남자 나이 서른 44

2장 열정을 다스리기 위하여
삶을 배우다

편하게 살고 싶으세요? 51 | 배움을 멈추는 순간 늙는다 52 | 생각이 운명이 된다 54 | 내 능력의 한계는 어디일까? 55 | 인생은 나쁜 농담이다 56 | 우리 삶에 거울이 없다면 58 | 진정한 젊음이란 열린 마음으로 사는 것 59 | 삶이란 원래 불공평하다 60 | 최상의 컨디션을 유지하라 62 | 돈만 추구한다면 63 | 스스로에게 자주 질문하세요 64 | 정신을 대청소하는 일도 필요하다 66 | 적극적으로 마음을 표현하라 67 | 타인의 시선에서 자유로워져라 70 | 말하는 데 늘 신중하라 71 | 모든 것이 시들해질 때 72 | 두려움을 극복하려면 74 | 책을 가까이 하면 외롭지 않다 75 | 어떤 사람이 승리하는가? 78 | 인생을 무엇으로 채울 것인가 79 | 착실하게 콘텐츠를 쌓아가세요 80 | 젊은이에게 주는 조언 83 | 인생에 몰입할 때 행복은 온다 84 | 타인의 말에 귀 기울여라 85 | 다양한 인생을 살아보고 싶다면 86

3장 순간의 소중함을 위하여
오늘을 살다

현재를 즐겨라! 91 | 지금 행복해지자! 92 | 우리는 어떻게 만들어지는가? 93 | 습관이 운명을 만든다 95 | 재미있게 사는 나만의 방법 96 | 완전히 쓰이는 삶 98 | 때로 바쁜 것이 마음을 망친다 99 | 혼자 있는 시간을 의미 있게 보내라 100 | 우정을 지키기 위해서는 102 | 한 가지에 에너지를 집중하라 103 | 세월을 헛되이 보내버린다면 104 | 나는 행복할 가치가 있다 106 | 하루 24시간을 제대로 사용하려면 107 | 죽음을 의식하면 삶이 달라진다 110 | 인생의 승자와 패자 111 | 분노를 다루는 방법 112 | 항구를 떠나라! 114 | 더 많이 행하고, 더 나은 사람이 되라 116 | 당신은 어떤 사람입니까? 117 | 젊은 그대에게 118 | 생각은 리허설 중인 행동이다 122 | 멈춰 서서 나를 돌아보는 시간 123 | 샐러리맨의 진화 124 | 착한 척하면 착해지고 126

4장 두려움을 이겨내기 위하여 — 날개를 펴다

이 또한 지나가리라 131 | 실패가 없었다면 132 | 진정 현명한 사람이란 133 | 해답은 내 안에 있다 134 | 실직을 당했을 때 136 | 어리석은 자 때문에 괴로워하지 마라 138 | 운명에서 벗어나려는 몸부림 139 | 불안 또한 내 삶의 일부임을 140 | 인생이라는 전시장에서 142 | 속도를 늦추고 가만히 들여다보라 143 | 불평하는 에너지를 문제 해결에 써라 145 | 위기에 몰입하라 146 | 할 수 있는 한 최선을 다해 147 | 누구나 업다운을 겪는다 148 | 열등감이 없는 사람은 없다 150 | 실패는 추락이 아니다 151 | 기분이 가라앉았을 때 154 | 내 안의 불꽃을 다시 불태우려면 156 | 역경을 온몸으로 안아라 157 | "이봐, 난 죽지 않았어……" 158

5장 목표를 이루기 위하여 — 꿈으로 몰입하다

'꿈의 책'을 만들어라 163 | 자신감, 나를 믿는 것 164 | 고수 vs 하수 165 | 실행이 없으면 아무것도 이룰 수 없다 166 | 자극의 중요성 168 | 마음속에 꿈의 그림을 그려라 170 | 잠재력을 열어주는 열쇠 171 | 긴장감을 유지하라 172 | 어떤 세상에서 살고 싶으세요? 173 | 비전을 공유하라 174 | 초심으로 돌아간다는 것 175 | 지성에만 귀를 기울인다면? 178 | 배워야 하는 이유 179 | 온 세상을 배움터이자 여행지로 180 | 경험의 주체가 되라 181 | 무게중심을 유지하라 182 | 이따금 멈춰 서라 184 | 욕망의 노예가 되지 말라 186 | 가슴과 직관을 따르는 용기 187 | 아는 것이 많다고 똑똑한 것은 아니다 188 | 앞으로 나아가는 비결 189 | 힘이 있어야 산다 190 | 불편해야 성장한다 192 | 살아가는 유일한 목적은 성장하는 것이다 194

6장 진짜 행복을 알기 위하여 — 성공의 의미를 묻다

성공한 내 모습을 상상하라 199 | 미리 점검하고 대비하라 200 | 운도 능력이다 201 | 성공하기 위한 네 가지 요소 202 | 위대한 결과를 얻을 것이라는 믿음 203 | 골프에서 배우는 인생 204 | 초지일관하는 능력 205 | 인생이라는 한 권의 책 208 | '러브마크' 같은 존재가 되려면 210 | 돼지에게 노래 가르치기 211 | 성공하는 직장인의 다섯 가지 조건 212 | 시대의 냄새를 포착하라 214 | 승자의 마음속 216 | 배우는 자 vs 배우지 않는 자 217 | 성공과 실패를 좌우하는 한 가지 218 | 자신의 가치를 높이려면 220 | 성공을 향한 외곬의 기질 221 | 목표를 달성한 후 222

7장 스스로를 완성하기 위하여 — 나로 살다

완성의 순간에 도달할 때까지 227 | '무엇'보다는 '어떻게' 228 | 자신이 누구인지 알고 싶다면 229 | 내면의 소리를 들어라 231 | 새로운 기분으로 하루를 시작하는 법 232 | 당장 할 수 있는 것부터 하라 234 | 자신이라는 은행 계좌 235 | 다시 젊은 날이 온다면 236 | 선택하는 것은 곧 포기하는 것이다 239 | 지금 가슴으로 살고 있는가? 240 | 세상은 우리가 보는 대로 보인다 241 | 어려울 때 진가가 발휘된다 242 | 가능성을 향해 나아가세요 244 | 나 자신부터 바꿔야 환경도 바뀐다 246 | 마음을 다스리는 사람 247 | 초식인간으로 사는 것 248 | 돈이 열정을 보충해 줄 수는 없다 252 | 마음의 잡동사니를 버려라 253 | 신이 도와주고 싶을 정도로 254 | 감사는 행복의 열쇠 255 | 싫은 사람에게 어떻게 대하세요? 256

1장

첫걸음을 내딛기 위하여
나를 긍정하다

나를 사랑하라

루 매리노프 『철학 상담소』 다른 사람들과 사이좋게 지내기 전에 먼저 우리 자신과 사이좋게 지내야만 한다. …… 내면적 갈등을 해결하지 못한 사람은 자기 자신과 사이좋게 지낼 수 없고, 자기 자신과 사이좋게 지낼 수 없는 사람은 당연히 다른 사람들과도 사이좋게 지낼 수 없다.

━ 자신을 사랑할 수 있는 사람만이 타인도 넉넉한 눈으로 바라볼 수 있습니다.
자신을 사랑하려면 자주 자신과 대화를 나누어야 합니다. 마치 타인을 대하듯 자신에게 묻고, 답을 찾아보고, 타이르고, 다독여야 합니다. 지나치게 높은 잣대로 자신을 평가해서도 안 되고 자신에게 지나치게 너그러워서도 안 됩니다. 그러다 보면 있는 그대로의 자신을 바라보고 장점은 장점대로, 단점은 단점대로 받아들일 수 있게 됩니다.
그렇게 자신과 사이좋게 지내기 시작하면 다른 사람들과의 관계도 좋아질 것이고, 아울러 삶도 좋아질 겁니다.

*루 매리노프(Lou Marinoff) : 철학자이자 상담자. 철학을 통해 자신의 딜레마를 해결할 수 있도록 돕는 '철학 카운슬링' 운동을 펼치고 있다.

당신은 귀한 사람인가요?

M. 스캇 펙 『아직도 가야 할 길』 자신을 스스로 존중하는 느낌은 정신 건강의 가장 중요한 요인이며, 자기 훈련의 주춧돌이다. …… 자신이 귀중한 사람이라고 생각하는 사람은 언제나 자기를 돌보고 가꾸게 마련이다.

━ 스스로를 존중하는 사람이라면 시간을 소중하게 사용할 것입니다. 시간이 곧 자기 자신이라는 것을 잘 알고 있기 때문에 자신의 분신인 시간을 아무 데나 버리지 않습니다.

스스로를 존중하는 사람이라면 언제나 자신을 가꾸고 발전시키고자 노력할 것입니다. 자신은 더 나아질 수 있고 더 성취할 수 있다고 믿기 때문입니다.

스스로를 존중하는 사람이라면 중독성이 강한 것을 주의할 것입니다. 그런 것들이 자신의 삶을 지배하도록 놔두지 않을 것입니다. 삶의 주인은 자기 자신이라는 것을 잘 알고 있기 때문이지요.

내 삶의 이야기꾼은 나

이사벨 아옌데 당신은 당신 삶의 이야기꾼이며, 자신만의 전설을 창조할 수 있다.

─ 짧은 문장이지만, 자신을 되돌아보게 합니다. 여러분은 오늘 자신만의 이야기를 주체적으로 만들어가고 있습니까? 이 세상에 머무르는 동안 우리는 자기 삶의 주인공으로서 스스로 의미 있는 이야기를 만들어가야 합니다. 상황에 밀려서, 다른 사람들이 하는 대로, 대충 대충 하루하루를 보내버리기에는 우리 삶은 너무나 소중합니다.

소설가나 드라마작가처럼, 혹은 영화감독처럼, 자신을 주인공으로 어떤 일을 하고, 어떤 사람들을 만나며, 어떤 것을 먹고, 어떤 생각을 하며 살아갈지를 기획하고 연출해 보세요. 그렇게 자신만의 이야기, 자신만의 전설을 만들어보세요.

나만의 '북극성'을 찾아서

마사 베크 『길을 헤매다 만난 나의 북극성』 자신의 북극성이 무엇인지를 알아내는 일은 심리적, 영적으로 심오한 예술적 작업이라 할 수 있다. 그러나 현실 속에서 이러한 북극성을 찾아가는 과정은 흡사 음식을 만들기 위해 조리법을 따라하는 것과 다르지 않다. ……
북극성을 손에 넣기 위해서는 머릿속으로 꿈을 꾸는 일도 중요하지만, 실제로 땀을 흘리며 일을 해야 하는 법이니 말이다.

▬ 모두에게는 삶에서 나침반 역할을 하는 북극성, 즉 꿈이나 목표, 이상이 필요합니다. 그래야 바른 길로 나아갈 수 있으니까요. 그러나 모두가 그 북극성을 찾아내는 행운을 누리지는 못합니다. 내가 무엇을 원하는지, 무엇을 위해 살아가야 하는지 진지하게 고민하고 그것을 찾아내기 위해 실질적인 노력을 하는 사람만 북극성을 찾을 수 있습니다.

북극성을 찾아가는 길을 요리에 비유한 저자의 표현이 마음에 드네요. 이런 저런 재료가 있어야 하고, 이를 조리하는 노력과 시간이 있어야 하고, 기다림이 더해져야겠지요.

조리법에는 어떤 것이 있을까요? 당장 이익이 되지 않더라도 뭐든 열심히 해보기, 그렇게 일을 추진하는 과정에서 자신의 특장점과의 연결고리 찾기, 특장점과 미래의 가능성을 결합해서 가까운 미래와 먼 미래를 그려보기 등이 있을 것입니다.

Letter

누구나 잘하는 것이 있다

저는 독자들로부터 종종 문의나 상담 메일을 받곤 합니다.

오늘 아침에 메일을 보내 온 분은 2년 가까이 여행업에 종사해 왔다는 20대 중반의 독자였습니다. 그분은 이렇게 말하고 있었습니다.

"전공이 관광경영인지라 여행 관련 일을 해보고 싶어서 이 업계에 들어왔는데, 일을 계속하다 보니 제 적성과 맞지 않아서 하루하루 엄청난 스트레스를 받으며 견디고 있습니다. ……제 성격상 사람들과 만나는 일보다는 사무실에 앉아서 일을 하는 편이 더 잘 맞습니다. 어떻게 해야 할까요?"

이 메일을 읽는 순간 얼마 전에 읽었던 찰스 핸디의 글 가운데 두 문장이 떠올랐습니다.

'우리 자신의 발견은 세상의 발견보다 중요하다.'

'누구나 잘하는 것이 있다.'

피터 드러커, 톰 피터스 등과 함께 전 세계에서 가장 영향력 있는 매니지먼트 사상가 중 한 사람인 찰스 핸디는 교육이란 어떤 것이어야 하는가를 설명하는 글에서 위와 같은 말을 하고 있습니다.

학교를 다니고 직장 생활을 하면서 우리는 알게 모르게 스스로에게 '내가 하고 있는 일이 나에게 잘 맞는가?'라는 질문을 자주 던집니다. 그러나 나이가 들고 부양해야 할 가족이 생기고 직책이 올라가면서 전직이나 전업의 가능성은 줄어듭니다. 변신에 따르는 위험이 커지는 것도 한 가지 이유겠지요.

'제 성격상 사람들과 만나는 일보다는 사무실에 앉아서 일을 하는 편이 더 잘 맞습니다.'

이런 발견이야말로 아주 중요한 '자신의 발견'에 해당합니다. 인생의 이른 시점에 자신을 발견하는 것은 정말 감사한 일이지요. 그렇게 자신이 잘할 수 있는 일, 자신에게 잘 맞는 분야를 찾아서 재능을 화려하게 발휘하는 것은 자신을 위해서나 사회를 위해서나 바람직한 일입니다.

저는 위의 독자 분에게 이렇게 답장을 했습니다.

"우리는 살아가면서 계속 자신을 알아가게 됩니다. 이를 '자신의 발견'이라고 할 수 있겠지요. 누구나 자기만의 특장점이 있습니다. 그런 특장점을 정확히 파악해야 합니다. 아직 미혼이고 전직의 가능성이 있다면 다시 한 번 생각해 보세요. 사람들을 상대하는 일이 별로 적성에 맞지 않는다고 판단되신다면 그곳에서 오랫동안 근무하면서 즐겁게 일하고 잘할 가능성은 그다지 높지 않다고 생각합니다."

내가 받은 축복을 세어보라

윌리 넬슨 나에게 주어진 축복이 얼마나 많은지 세어보는 순간부터 인생은 달라진다.

―― 인간은 아무리 가져도 늘 부족해하는 존재입니다. 돈, 명성, 권력 모두 그렇습니다. 물론 그렇게 부족함을 느끼기에 오늘날까지 인간이란 존재가 계속 발전해 올 수 있었겠지요. 그러나 가치 있는 일을 계속해서 추구하면서 다른 한편으로는 자족할 수 있는 마음을 갖는 것도 중요합니다. 그 둘 사이에 적절한 긴장과 균형을 유지하는 것이 관건이라고 생각합니다.

'나에게 주어진 축복이 얼마나 많은지'를 마음에 새기면서 가진 것에 늘 감사하는 마음을 지니는 우리가 되었으면 합니다.

* 윌리 넬슨(Willie Nelson) : 미국 컨트리 음악의 대부로 불리는 가수. 〈You are always on my mind〉라는 노래로 유명하며, 허스키한 목소리가 트레이드마크.

자신감을 매일 축적하라

로자베스 모스 캔터 『자신감』 자신감은 우리의 발걸음이 작고 조심스러워질지 아니면 크고 대담해질지를 결정한다.

— 사람이 어떤 일을 해내느냐 해내지 못하느냐를 결정짓는 가장 큰 요인은 자신감일 겁니다. 얼마든지 할 수 있을 작은 일도 '나는 못해'라고 생각하기 때문에 하지 못하는 경우가 많습니다.

자신감은 어느 날 갑자기 생기는 것이 아닙니다. 평소에 자신감을 축적해 온 사람들만이 필요할 때 자신감을 발휘할 수 있습니다. 자신과의 작은 약속, 예를 들어 내일부터 6시에 일어나자거나 일주일에 세 번씩 꼭 운동을 하자거나 하는 약속을 꾸준히 지킨 경험들이 모이면 자신감이 생길 수 있습니다. 그렇게 쌓인 자신감은 어느 날 큰 힘을 발휘합니다.

어쩌면 살아가는 순간순간은 자신감을 축적해 가는 과정이라 할 수도 있을 것입니다. 나아가 그렇게 축적된 자신감을 가지고 원하는 일들을 성취하는 과정일 것이고요.

어떤 태도로 임하는가?

찰스 R. 스윈들 내가 매일 내릴 수 있는 결정 중에서 가장 중요한 것은 태도의 선택이라 생각한다. …… 태도는 나를 앞을 향해 계속 나아가게 할 수도 있고 절뚝거리게 만들 수도 있다. **태도만이 나의 희망에 화력을 더해주기도 하고 나의 희망을 꺼지게 만들기도 한다.**

― 사람들은 꿈과 목표를 지니고 성취하기 위해 노력하는 것은 무척 강조합니다. 하지만 태도의 중요성은 덜 강조합니다. 그러나 아무리 큰 꿈을 품고 있다 하더라도 태도가 그에 미치지 못한다면 꿈을 이루기도 어려울 뿐만 아니라 설령 꿈을 이룬다 하더라도 오래 가지 못할 것입니다.

성취가 산출물이라면 태도는 중요한 투입물입니다. 투입이 없으면 산출도 있을 수 없습니다. 태도는 결과에 결정적인 영향을 미칠 뿐만 아니라 한 사람의 행복이나 삶에 대한 만족도에도 큰 영향을 미칩니다.

자신의 의지와 습관에 따라 얼마든지 반듯한 태도를 지닐 수 있습니다. '나는 어떤 인물이 되고 싶은가? 그런 사람들은 어떤 태도를 지니고 있는가?'를 생각해 보세요. 그리고 그런 태도를 자신의 것으로 만들기 위해 꾸준히 노력하세요. 그러면 성취는 따라올 것입니다.

기대하는 만큼 날아오른다

글렌 밴 에커렌 『행복을 부르는 12가지 주문』 **사람은 자신의 기대 수준 너머로는 날아오르지 않습니다.** 자신에 대해 아무것도 기대하지 않거나, 기대하더라도 그 기대가 아주 조금이라면 당신이 아무런 발전을 하지 못하더라도 그건 당연한 결과이니 조금도 놀라지 마십시오.

▬▬ 자신을 과대평가하는 것은 위험한 일이지만 과소평가하는 것은 그보다 더 좋지 않은 일입니다. 멀리뛰기를 2미터까지 할 수 있는 능력을 지닌 사람이 자신은 1미터밖에 뛸 수 없을 거라고 생각하고 그만큼의 힘만 주어 뛴다면 1미터밖에 뛰지 못하는 사람이 될 것입니다.

자신에 대한 기대 수준을 제대로 갖는 것은 매우 중요합니다. 기대치를 조금 높게 잡고 그에 조금 못 미치는 것이 기대치를 아예 낮게 잡는 것보다 훨씬 낫습니다.

자신에게 정당한 기대를 하세요. 그리고 그 기대만큼 노력하세요. 그만큼 이룰 충분한 자격과 능력을 갖고 있다고 거듭 자신을 독려하세요.

나만이 나를 멈출 수 있다

제프리 지토머 방해물들은 당신을 멈출 수 없다.
어떤 문제들도 당신을 멈출 수 없다.
다른 사람들 대부분도 당신을 멈출 수 없다.
오로지 당신만이 당신 자신을 멈출 수 있다.

▬ 타인의 질책이나 험담, 외부환경이 주는 가혹함, 능력의 부족, 그 어떤 것도 결국 스스로 '나는 포기한다'고 선언하지 않는 한 나를 진정으로 멈추게 할 수 없습니다. 사실 외적인 요소들은 우리가 포기할 때 내세우는 변명이나 구실에 불과할지 모릅니다.

'날씨가 너무 더워서 일을 못하겠어', '밖에서 시끄러운 소리가 계속 들려서 공부를 못하겠어' 이렇게 말은 하고 있지만 사실은 '하고 싶지 않다'는 자신의 마음이 가장 큰 문제가 아닐까요?

이는 거꾸로 말하면, 어떤 방해물이나 문제가 있더라도 나 스스로 포기하지 않는 한 이겨낼 수 있다는 이야기이기도 할 것입니다.

기억하세요. 내 삶의 주인은 나 자신입니다.

스스로 포기하지 않는 한
어떤 것도 나를 진정으로
멈추게 할 수는 없다.

Letter

'입신'하기 위해
필요한
세가지

타이거 우즈를 시종일관 정신력과 실력으로 압도하면서 PGA 챔피언십 우승을 거머쥐었던 양용은 선수에 대한 기사를 읽으면서 '삶이란 무엇인가?'라는 생각을 해봅니다.

부모가 전혀 뒷바라지를 해줄 수 없는 어려운 환경에서 자란 양 선수는 혼자 힘으로 그 치열한 프로골프의 세계에서 정상에 우뚝 섰습니다.

"먹고 살려고 골프채를 잡았다는 양용은 선수는, 용인의 월세 15만 원짜리 지하 단칸방에 살던 연습생 시절엔 막노동까지 하며 아내에게 '10년만 기다려 달라'고 했다. 그 약속대로 제주도 야생마는 세계를 호령하는 호랑이를 잡고 우뚝 섰다."

한 사람이 어떤 분야에서 입신(立身)을 하기 위해서는 무엇이 필요할까요?

우선, 자신의 재능이 있는 분야에 서는 운이 함께해야겠지요. 이를 '자신의 발견'이라고 표현할 수도 있습니다. 이런 저런 길을 걷다가 어느 순간 '아, 나는 여기에 뼈를 묻어야겠다'는 생각이 드는 만남을 경험하는 것은 정말 위대한 일입니다. 그리고 그렇게 찾아낸 분야에서 죽지 않을 만큼 열심히 해야 합니다.

양용은 선수는 오늘의 젊은이들이 깊이 새겨봐야 할 삶의 교훈을 몸소 보여주고 있습니다. 조금 해보다가 힘들면 그만두기도 하고, 이것저것 조금씩 손을 대보기만 할 뿐 무엇 하나 제대로 하지 않는 삶을 살아가는 사람들에게 삶이란 어떠해야 하는가를 가르쳐 주고 있습니다.

둘째, 최소한 10년 정도는 타의 추종을 불허할 정도로 열심히 해야겠지요. 먹을 때나 입을 때나 걸을 때나 오로지 자신이 추구하는 것을 생각하고, 그것을 위해 헌신하지 않고는 입신이 불가능합니다. 물론 어느 정도 자리를 잡고 나면 그때부터는 조금씩 속도를 늦출 수 있을 것입니다. 하지만 그런 임계점에 도달할 때까지는 이런 저런 여유를 부릴 틈이 없습니다.

마지막으로는, 크고 작은 행운이 함께해야 합니다. 그런 행운을 행운으로 알아차릴 수 있어야 하고, 그런 행운을 잡을 능력을 갖추고 있어야 하며, 결정적 순간에도 평소 실력을 그대로 발휘할 수 있는 정신력이 있어야겠지요.

제가 한 TV 프로그램에서 했던 말을 다시 한 번 새겨봅니다.

"이 세상에 딱 한 번 나서 살다 가는데, 내가 누구인지, 내가 무엇을 잘할 수 있는지, 그리고 내가 정말로 최선을 다하면 어디까지 도달할 수 있는지를 모르고 가버리는 것은 억울한 일이 아닌가요?"

저는 스스로에게도 그런 질문을 던지면서 내 앞에 주어진 생을 겸허한 마음으로 씩씩하게 개척해 가고 있습니다.

여러분은 어떠세요?

있는 그대로 바라보라

F. 스콧 피츠제럴드 우리가 생각해야 할 것은, 우리가 얼마나 값진 존재인지가 아니라 **어떻게 하면 값진 존재가 되느냐**다.

―― 자신의 모습을 있는 그대로 바라보기란 쉽지 않은 일입니다. 누구나 자신을 미화하고 싶어 하지요. 그래서 보고 싶은 모습을 자신의 현재 모습이라고 믿어버리는 사람들이 있습니다. 하지만 발전하기 위해서는 자신이 지닌 가치를 제대로 인정하는 것이 중요합니다.

자신의 현주소를 있는 그대로 보고, 인정할 것은 인정하고, 부족한 점은 냉정히 판단하되 비관하지는 말고, 더욱 값진 존재가 되기 위해 노력해야 합니다.

저는 지금도 그렇지만 어린 시절에도 '더 나은 사람이 되고 싶다' 혹은 '더 나은 사람이 되기 위해 무엇을 어떻게 해야 하는가'라는 질문과 해답을 늘 염두에 두고 지냈습니다. 역시 사람의 본 모습은 세월이 지나도 크게 변하지 않는 모양입니다.

어떤 선택을 할 것인가?

제프 베조스 여러분은 자신의 재능을 어떻게 사용할 것입니까? 여러분은 어떤 선택을 할 것입니까? **관성이 여러분을 이끌도록 할 것입니까, 아니면 열정을 따를 것입니까?** 쉬운 삶을 선택할 것입니까, 아니면 봉사와 도전의 삶을 선택할 것입니까?

---- 세계 최대 인터넷서점 아마존의 창업자 제프 베조스의 말입니다.

우리의 삶은 크고 작은 선택들로 이루어집니다. 이 길로 갈 것인가, 아니면 저 길로 갈 것인가? 어떤 선택을 하는가에 따라 삶은 크게 달라지지요.

베조스의 말처럼 관성이 여러분의 삶을 이끌도록 할 것입니까, 아니면 열정을 따라 갈 것입니까? 평범하고 쉽고 편안한 삶을 살아가고 싶습니까, 아니면 끊임없이 도전하고 성취하며 나아가 타인의 삶에도 공헌하는 삶을 살아가고 싶습니까? 선택은 여러분에게 달려 있습니다.

진정 강한 나무란

나폴레온 힐 『1년 안에 행복한 부자가 되는 지혜』 숲에서 가장 강한 나무는 오히려 폭풍우와 맞서고 다른 나무들과 싸우는 등 온갖 시련을 이겨낸 후에야 만들어진다.

━━ 인생도 나무와 마찬가지입니다. 삶의 비바람과 뜨거운 햇빛을 받아보지 못한 사람은 잠깐의 소나기를 만나도 어떻게 해야 할지 몰라 무너집니다. 이런저런 어려움을 겪고 이겨내며 살아온 사람만이 웬만한 비바람에도 꺾이지 않고 버틸 수 있습니다.

그렇다고 일부러 비바람을 만나기 위해 찾아 나설 필요는 없습니다. 하지만 예기치 않은 비바람을 만날 때면, 인생은 길고 이런 어려운 날들이 나를 더욱 강하고 단단하게 만들 거라고 생각하며 피하지 말고 맞서세요. 삶은 우리에게 이겨낼 수 있을 만한 어려움만 준다는 이야기도 있으니까요.

매일 좋은 습관을 가꾸어가라

롭 길버트 먼저 습관을 만드세요. 그러면 습관이 당신을 만들 것입니다. 나쁜 습관을 정복하세요. 그렇지 않으면 습관이 당신을 정복하게 될 것입니다.

미국의 교육개혁가 호레이스 만은 "습관은 철사를 꼬아 만든 쇠줄과 같다. 매일 가느다란 철사를 엮다 보면 이내 끊을 수 없는 쇠줄이 된다."라고도 했습니다.
인간의 결심이란 얼마 가지 못합니다. 아무리 결심을 하더라도 그 결심을 꾸준히 행하지 못한다면 아무 소용이 없습니다. 좋은 습관만이 우리가 유혹에 빠지는 것을 막아주고 무언가를 이룰 수 있게 해줍니다. 그러므로 무슨 일을 하든 성공하길 원한다면 좋은 습관을 만들어야 합니다.
제가 신앙처럼 중요하게 여기는 습관은 새벽에 일찍 일어나서 하루를 여는 것입니다. 이 습관 하나만 갖고 있다면 저는 어디서든 살아남을 자신이 있습니다.

Letter

때로 인생의 내리막이 찾아와도

　얼마 전 개봉했던 영화 〈내 깡패 같은 애인〉의 주연배우 박중훈 씨의 인터뷰를 읽을 기회가 있었습니다. 배우의 수명이 짧은 우리나라에서 박중훈 씨는 롱런하고 있는 경우에 속하는 드문 배우죠. 스무 살에 데뷔해서 44살이 된 박중훈 씨의 인터뷰에는 살아가는 일에 대해 생각할 거리를 제시하는 이야기들이 등장했습니다.
　그 가운데 특히 인상적이었던 말은 이것이었습니다.
　"배우의 실제 삶과 극 중의 모습은 뗄 수 없는 관계죠. 배우의 일상 모습과 매력이 화면에 그대로 묻어나오는 겁니다. 배우의 연기력이 날로 좋아진다면 삶도 순탄하다는 의미죠."
　'배우의 연기력이 날로 좋아진다면 삶도 순탄하다는 의미다.' 멋진 말이지요. 배우만 그런 것은 아닙니다. 문인이건, 사업가건, 정치가건, 직장인이건, 모든 사람의 삶에 적용되는 이야기입니다. 글에도, 사업에도, 정치에도 모두 삶이 묻어나기 때문이지요.
　이어서 박중훈 씨는 이렇게 말합니다.
　"그래서 저는 행복한 배우가 되고 싶습니다. 내가 행복하면 연기를 통해 행복한 감정을 관객에게 전달할 수 있거든요. 깡패 역을 하더라도 어떤 이는 잔혹해 보이지만 어떤 이는 그렇지 않잖아요.

제 자신이 행복해지자는 게 배우로서 목표입니다. 자연인과 배우의 목표가 동일한 셈이죠."

인기에 연연할 수밖에 없는 것이 배우의 운명이지요. 인기가 떨어지면 아무래도 그 배우를 찾는 사람들이 적어질 테니까요. 그런 운명을 지닌 배우로서 박중훈 씨는 장수하는 비결을 이렇게 말합니다.

"실패했을 때 인내할 줄 아는 게 중요한 덕목입니다. 누구나 파도처럼 오르막과 내리막을 겪는데, 내리막에서 안달하면 오래갈 수 없어요. 저는 실패에 의연했던 편입니다. 스무 살에 데뷔할 때 40편에 출연할 것이라고는 상상도 못했어요. 기적이죠."

자신의 삶을 이렇게 담백하게 받아들일 수 있다면 더 좋은 날들이 앞으로도 펼쳐질 것입니다.

이처럼 우리는 언제 어디서나 누구로부터 배울 수 있습니다. 그래서 삶에는 지겨울 틈이 없지요.

* 인터뷰 출처 : '실패했을 때에도 인내할 줄 아는 게 진짜 연기의 비결', 《한국경제》, 2010. 5. 14.

누구나 파도처럼
오르막과 내리막을 겪는다.
내리막에서 안달하면
결코 오래갈 수 없다.

나만이 할 수 있는 일을 하라

루치아노 베네통 인생의 첫발을 내딛을 때는 자신의 재력이나 장점에 의지하지 말라는 것을 지적하고 싶습니다. **중요한 것은 타인과 다른 일을 하는 것입니다.** 머리를 짜내서 자신만의 장점을 발견하십시오.

━━ 세계적인 의류업체 베네통의 설립자인 루치아노 베네통의 말이군요. 독창적인 사고로 베네통을 세계적인 기업으로 성장시킨 자신의 경험이 그대로 녹아 있는 말입니다.

남이 가는 길을 그대로 따라 가면서 성공한 사람을 본 적이 있으세요? 자신의 길을 찾아가는 것이 장기적으로 보면 모든 성취의 비결입니다.

사람은 본능적으로 편안한 길을 가고 싶어 합니다. 그러나 그렇게 살아서는 원하는 성공과 행복을 손에 넣기 힘들 것입니다. 자신의 생각을 세우고 자신의 길을 갈 때 성공과 행복이 우리 곁으로 다가설 것입니다.

약점에 질 것인가, 맞설 것인가

리처드 브랜슨 『내가 상상하면 현실이 된다』 난독증 증세가 있던 나는 학교 공부가 무척 힘들었다. 아무리 노력해도 읽기와 쓰기가 늘지 않았다. 그러나 오히려 이런 점 때문에 저널리스트가 되고 싶었다. 내가 가진 약점을 무력하게 인정하기보다는 그것에 정면으로 맞서고 싶었던 것이다.

―― 음반사업에서 시작하여 항공산업에까지 진출한 영국 버진 그룹의 창업자이자 회장 리처드 브랜슨은 장애를 딛고 성공한 자수성가형 기업가로 유명합니다.

약점에 정면으로 맞선다는 것은 쉬운 일은 아닙니다. 사실 대부분의 사람들은 사소한 약점 앞에서도 쉽게 무너지죠. 그러나 우리 힘으로 어쩔 수 없는 약점을 있는 그대로 받아들이고, 이에 맞서 극복해 가는 과정을 즐기고, 결과적으로 '자신에 대한 믿음'을 만들어가는 것이 삶입니다. 물론 그 과정에서 넘어지고 일어서는 일들이 반복되겠지만요.

무엇이든 이루고 싶다면 먼저 첫걸음을 떼라

마틴 루터 킹 믿음을 갖고 첫걸음을 떼보세요. 처음부터 전체를 볼 필요는 없습니다. **우선 첫걸음을 떼보세요.**

— '시작이 반이다'라는 속담이 있지요. 시작하는 것은 쉽지 않더라도 일단 시작하고 나면 어떻게든 해나가게 된다는 것은 모두가 한 번쯤 경험해 보았을 것입니다. 모든 게 완벽하게 준비되기를 기다릴 수는 없습니다. 그런 순간이 오면 기회는 사라지고 없을 것입니다.

무엇이든 이루고 싶다면 두려움이 앞서더라도 일단 첫걸음을 떼야 합니다. 세세한 계획은 세우지 않아도 좋습니다. 일단 목표를 정하고 그 목표를 위해 필요한 일들을 적어보세요. 그리고 그 가운데 아무것이나 당장 할 수 있는 일을 하세요. 그렇게 시작하고 나면 자연스럽게 다음 단계로 이어집니다.

여러분의 꿈을 믿고 일단 시작해 보세요. 그러면 그 믿음이 여러분을 이끌어 갈 것입니다.

꿈을 믿고
일단 시작하라.
믿음이 이끌어줄 것이다.

행복하세요?

한 기업이 세운 장학재단의 모임에 참석했던 적이 있습니다. 장학금을 받는 학생들이 모여서 강의도 듣고 세미나도 하는 모임이었지요. 강의 후 질의응답 시간에 한 분이 저에게 이런 질문을 던졌습니다.

"그런데 공 박사님은 정말 행복하세요?"

여러분이 이런 질문을 받는다면 어떻게 답하시겠습니까? 저는 이렇게 답했습니다.

"행복은 주어지는 것이 아니라 만들어내는 거라고 생각합니다. 언제 어디서든 자신이 하기에 따라서 얼마든지 행복을 만들어낼 수 있지요. 지금 바로 이 순간에도 말입니다."

행복은 휴식을 취하거나 취미 활동을 하거나 여행을 하거나 하는 등, 일에서부터 벗어날 때만 느낄 수 있는 것으로 생각하는 사람들이 있습니다. 그러나 일을 통해서도 큰 행복을 누릴 수 있지요. 일에서든 취미 활동에서든 행복을 만들어내는 방법을 알고 그것을 실행에 옮길 수 있다면 늘 행복을 느낄 수 있지요.

그리고 인생이라는 긴 시간을 두고 보면 학창시절이나 인생의 초년에는 행복을 유보하는 듯 보이는 일들도 과감하게 해야 합니다. 그래야 훗날 더 큰 행복을 누릴 수 있게 됩니다.

저에게 질문을 던진 분의 의도를 정확히 알 수는 없습니다만, 후일을 위해 현재의 행복을 일정 정도 유보하는 일이 그다지 바람직한 일은 아니라는 생각을 염두에 둔 질문은 아닌가 하는 생각이 들었습니다.

저는 인생의 초년에 일정 부분 행복을 유보하기로 결정했기 때문에 지금 더 자유로운 삶을 살아가고 있습니다. 저는 아이들에게 늘 이렇게 강조합니다.

"인생에서 자유로운 삶이란 그냥 주어지는 것이 아니다. 스스로 그런 삶을 만들어내는 것이다. 젊은 날 더 헌신적으로 해라. 그리고 해야 한다면 재미있게 하는 방법, 행복하게 하는 방법을 익혀서 해라. 마음먹기에 따라서 공부도 얼마든지 재미있게 할 수 있다."

나이가 들면서 그런 믿음이 잘못된 것일 수 있다는 생각이 드는 것도 사실입니다. 젊은 날에도 행복을 유보해야 하는 것이 아니라 어떤 순간이나 상황에서도 주도적으로 만들어낼 수 있는 것이라고 믿었다면, 인생의 초년 역시 행복감으로 가득 채울 수 있지 않았을까 싶습니다. 세월이 가르쳐준 진리 가운데 하나입니다.

저는 지금 이렇게 생각합니다. '나는 전천후로 행복할 수 있다. 행복하다고 믿을 수 있다.'

여러분도 '주도적으로' 행복한 나날 보내시길 바랍니다.

스트레스는 자연의 계획이다

브루스 맥웬 스트레스는 피할 수 없을 뿐만 아니라 반드시 나쁜 것만은 아니다. 스트레스는 신체를 보호한다. 스트레스를 받은 사람은 주변 환경을 경계하고 위험을 피하기 위해 계획을 세운다.

━━ 록펠러 대학교 생물학 교수인 브루스 맥웬의 말입니다. 스트레스 호르몬은 환경에 대한 인지를 강화하고 시력과 청력을 약간 향상시키며 근육이 조금 더 잘 움직이게 만든다고 합니다. 그래서 학자들은 스트레스를 더 잘 받는 신체를 타고난 사람들이 자연선택된 인류의 조상들일 거라고 추측합니다.

스트레스를 받지 않고 살아가는 사람은 없을 것입니다. 스트레스를 대수롭지 않게 생각하고 자연스러운 것으로 생각하면 더불어 살아갈 수 있는 것이 됩니다. 하지만 자신과 함께할 수 없는 것으로 받아들이면 그것 자체도 스트레스가 되지요.

스트레스는 주로 아무런 준비 없이 갑자기 당하는 일에서 발생합니다. 살아가면서 모든 일을 다 준비할 수는 없겠지만, 가능한 한 미리미리 준비하는 습관을 가지세요. 그러면 스트레스 상황을 조금은 피할 수 있을 것입니다.

과거의 노예가 되지 마라

랠프 월도 에머슨 장엄한 바다로 뛰어들어서 물 속 깊이 들어가 멀리 헤엄쳐 나가라. 그러면 자존감과 새로운 힘과 과거에 그냥 지나쳐버렸던 경험을 갖고 돌아오게 될 것이다.

과거는 이미 흘러가버린 것입니다. 좋았던 순간이든, 괴로웠던 순간이든, 이미 우리 손을 떠났습니다. 우리가 어떻게 할 수 있는 게 아니지요. 미래를 바라보며 현재를 열심히 살아가는 것이 중요합니다.

과거를 가슴에 담아둘 필요는 없습니다. 후회스러운 과거라면 교훈 삼아 같은 실수를 반복하지 않도록 현재를 더 잘 살면 되고, 좋았던 과거라면 현재를 살아가는 에너지로 삼으면 됩니다.

자꾸만 지난날을 돌아보고 있는 자신을 발견하거든 자리를 박차고 일어나 밖으로 나가 걷거나, 달리세요. 그렇게 바깥 공기 속에서 몸을 움직이다 보면 과거에 붙들렸던 잡념은 어느새인가 사라지고 미래를 생각할 수 있을 것입니다.

Letter

남자
나이
서른

언론에서 화제가 되고 있던 어떤 사건을 보면서 '남자 나이 서른'이라는 화두에 대해 생각해 보았습니다. 그러면서 서른 살의 저를 돌아보았습니다. 사람이란 늘 자신을 중심으로 세상을 보게 마련이니까요.

당시 저는 학위를 마치고 직장 생활을 시작한 지 얼마 안 된 상태였습니다. 첫 아이는 두 살 남짓 되었었죠. 앞날이 자욱한 안개에 싸여 있을 때입니다. 학위를 마치고 편안하게 현재의 상황을 즐기는 동료들도 많았지만, 집도 장만해야 하고, 아이들 교육도 시켜야 하고, 이대로 가면 마흔 살, 쉰 살에는 어떤 일들이 일어날까를 두고 고민이 많을 때였습니다. '어디로 가야 하나?' 하는 생각들이 머리를 꽉 채우고 있을 때였죠.

그때 저는 무조건 할 수 있는 한 열심히 했습니다. 가능성이 있는 일들은 모두 도전했지요. 당장 돈 되는 일이 아니더라도 열심히 했습니다. 집에 들어가면 피로에 지쳐 곧바로 잠이 들 정도로요.

계산하지 않았습니다. 몸을 아끼지 않고 자신이 가진 에너지를 모두 퍼부어가며 일을 했습니다. 그러면서 '아, 이렇게 하면 앞으로 가능성이 조금 더 있겠구나' 하는 생각을 하기 시작했을 즈음이 서른을 넘어설 때였습니다.

　남자 나이 서른이면 가족을 이루고 그 가족을 부양하고 자신 앞에 놓인 인생을 개척해 가야 할 때입니다. 이것저것 신경을 쓸 겨를이 거의 없을 때이지요. 그리고 30대 중반이 되면 인생의 윤곽이 조금씩 드러나게 되고요.

　그렇게 자신과 가족의 안위를 위해서 일하다 보면 타인과 민족, 국가에게 도움이 되는 인물로 성장해 가기 마련입니다.

　인생은 대박이 아니라 축적입니다. 하루하루, 순간순간 조금씩 쌓아가는 것이지요. 젊은 날 부지런히 자기 앞가림을 위해 애써야 합니다. 젊음은 무척 짧거든요. 금세 노안이 오고, '언제 그렇게 시간이 가버렸지?' 하는 아쉬움과 회한이 자신을 휩쌀을 수 있습니다.

　"Time does fly quickly."

　연초에 받은 연하장에 지도교수가 써서 보내준 글귀입니다. 세상만사에는 다 때가 있습니다. 공부를 해야 할 때가 있고, 자기 앞가림의 기초를 마련해야 할 때가 있고, 사회를 향해서 발신해야 할 때가 있고, 사회적 성취를 해야 할 때가 있지요. 저는 일찍부터 힘(실력)을 갖추지 못한 사람들이 어떤 대우를 받고 살아가는지를 두 눈으로 확인할 수 있는 기회가 많았습니다.

　실력입니다. 개인이든, 조직이든, 국가든 말입니다.

인생은 축적이다.
하루하루, 순간순간
조금씩 쌓아가는 것이다.

2장

열정을 다스리기 위하여
삶을 배우다

편하게 살고 싶으세요?

존 셰드 항구에 닻을 내리고 있는 배는 안전하다.
하지만 그것이 배의 존재 이유는 아니다.

■■■ "저는 편하게 살고 싶은데요."
젊은이들과 대화를 하다가 이따금 듣는 말입니다.
우리의 삶이 과연 편안함 자체를 추구하라고 주어진 것일까요? '그렇다'고 답하는 사람들도 있을 것입니다. 그러나 좀 더 깊이 생각해 보면, 우리가 그러기 위해 세상에 온 것은 아닐 것입니다.
내가 무엇을 갖고 있는지, 무엇을 원하는지를 찾아내고, 내가 가진 것을 최대한 발휘하여 소망과 목표를 이뤄내기 위해 태어난 건 아닐까요? 그리고 나아가 이 세상에 어떤 식으로든 보탬이 된다면 더욱 가치 있는 삶이 아닐까요?

배움을 멈추는 순간 늙는다

헨리 포드 배우기를 멈춘 사람은 늙은 것이다. 이십 대이건 팔십 대이건 간에. 배우기를 계속하는 사람은 젊다. **인생에서 가장 멋진 일은 늘 젊게 살 수 있다는 사실이다.**

―― 포드 자동차를 설립한 헨리 포드가 한 말이네요. 그의 말처럼, 어떤 마음을 갖고 있느냐에 따라 우리는 언제든 젊게 살 수 있습니다. 이 세상에는 배울 수 있는 것들이 도처에 널려 있기 때문이지요.

공부는, 배움은 학교에서만 할 수 있는 거라고 생각하는 사람들도 있을 겁니다. 그렇지 않습니다. 학교를 떠난 뒤에도 외국어를 배운다거나, 악기를 배운다거나, 원예를 배운다거나, 배울 수 있는 것은 많습니다. 뿐만 아니라 다른 사람의 행동을 보고 삶의 지혜를 배울 수 있고, 들에 핀 꽃 한 송이를 보면서도 세상의 진리를 배울 수 있습니다.

세상에 대한 호기심을 갖고 배우는 자세로 살아갈 때 우리는 늘 젊고 활기 찬 삶을 살 수 있을 것입니다.

호기심을 갖고
살아갈 때
더 젊고 활기 찬 삶을
살 수 있다.

생각이 운명이 된다

프랭크 아웃로 **당신의 사고를 보라.** 그것은 당신의 말이 된다. 당신의 말을 보라. 그것은 행동이 된다. 당신의 행동을 보라. 그것은 습관이 된다. 당신의 습관을 보라. 그것은 성격이 된다. 당신의 성격을 보라. **당신의 운명이 된다.**

━━ 생각이 말이 되고, 말이 행동이 되고, 행동이 습관이 되고, 습관은 성격이 되며, 성격이 운명이 됩니다. 결국 생각이 자신의 운명을 결정짓는 것입니다. 그러므로 자신의 운명이 앞으로 어떻게 될지는 지금 자신이 어떤 생각을 하고 있느냐를 보면 알 수 있겠지요.
이처럼 모든 것은 자기 자신의 마음에서부터 시작됩니다. 자기 마음을 다스릴 수 있는 사람은 자신이 원하는 삶의 모습에 가깝게 다가설 수 있습니다.
여러분의 생각을 들여다보세요. 그곳에 해답이 있습니다.

내 능력의 한계는 어디일까?

T. S. 엘리어트 위험을 감수하고 멀리 가보는 자만이 자신이 얼마나 멀리 갈 수 있는지를 알 수 있다.

━ 많은 사람들이 가지 않는 길을 가보는 데는 두려움과 어색함이 따릅니다. 그래서 대부분 다른 사람들이 가는 무난한 길을 선택하지요. 그러나 그런 안전한 선택을 하면 자신이 얼마나 더 멀리 갈 수 있는지, 무엇을 할 수 있는지, 얼마나 더 잘할 수 있는지를 알지 못한 채 살다 가게 됩니다. 얼마나 멀리 갈 수 있는지, 얼마나 잘할 수 있는지는 위험을 감수하고 용감하게 시도해 볼 때만 알 수 있는 것이지요.

많은 사람들이 택하는 안전한 길로 가려는 사람은 결국 이름 없는 들꽃으로 사라지고 말 것입니다. 그렇게 살기에는 인생이 아깝지 않을까요?

Letter

인생은
나쁜
농담이다

새벽에 글을 쓰다가 얼마 전 막내아이와 나눈 대화가 떠올랐습니다. 함께 늦은 점심을 먹던 중에 아이는 이런 이야기를 들려주었습니다.

"아빠, 영어 시간에 선생님이 'Life is a bad joke.(인생은 나쁜 농담이다)'라고 말씀하셨어요. 그리고 'The best way to get back is doing well.(이를 되갚아주는 최고의 방법은 아주 잘 사는 것이다)'라는 말도 더하셨고요."

제가 되물었습니다. "그 선생님 연세가 어떻게 되시니?" "꽤 나이를 드신 분인데, 60대 후반 정도이실 거예요"라고 답하더군요. 그래서 이렇게 말했습니다. "그 정도의 연세가 아니라면 쉽게 나올 수 없는 말씀이다. 인생의 연륜이 쌓이지 않고선 나오기 힘든 이야기지."

며칠이 지나도 아이가 들려준 두 문장이 계속해서 머리를 맴돌았습니다. 그만큼 크게 공감을 했다는 얘기겠지요.

삶은 늘 불확실함으로 둘러싸여 있습니다. 어떻게 될지 대강 예측은 할 수 있지만, 그 예측이 맞아 떨어질지는 아무도 단언할 수 없습니다. 수많은 복병들이 우리 앞에 기다리고 있기 때문입니다.

그런 점에서 인생은 'bad joke' 지요.

어제 자기경영 아카데미에서 외고를 졸업하고 미국 대학 입학을 앞둔 학생과 대화를 나누던 중, 학생이 이런 이야기를 하더군요.

"지난해 선배들 가운데, 저 형은 꼭 아이비리그에 갈 수 있을 거야, 하고 모두들 생각했는데 중위권 대학에 간 경우도 있었습니다. 대학 입시 결과는 정말 알 수 없어요. 어떻게 학생을 평가하는지를 알 수 없기 때문이지요. 그래서 저와 친구들은 초조하게 기다리고 있습니다."

그게 인생이지요. 누구도 결과를, 때로는 상황을 통제할 수 없는 경우가 많습니다. 그렇다면 우리가 할 수 있는 최상의 혹은 최선의 길은 무엇일까요? 막내아이의 영어 선생님께서 주신 메시지에 진실이 담겨 있습니다.

매일 매일, 그리고 매 순간 더 이상 더 잘할 수 없다는 느낌이 들 정도로 인생의 시간들을 충실하게 채워가는 것입니다. 일을 하든, 밥을 먹든, 사람을 만나든, 운동을 하든, 여행을 하든……. 무엇을 하든지 간에 지금 하고 있는 바로 그 일에, 그 순간에 진실하고 진지하게 최선을 다하는 것입니다. 그게 바로 잘 사는 길이지요.

내일은, 미래는 누구도 정확히 알 수 없으니까요.

우리 삶에 겨울이 없다면

_{앤 브래드스트리트} 만일 겨울이 없다면, 봄은 그다지 즐겁지 않을 것이다. 만일 우리가 때때로 역경을 경험하지 못한다면, 번영은 그리 환영받지 못할 것이다.

― 미국 식민지 시대 최초의 여류 시인으로 알려진 앤 브래드스트리트(1612~1672)가 남긴 말입니다. 1600년대나 2000년대인 지금이나 인생의 진리에는 차이가 없다는 것을 느낄 수 있는 말이군요.
겨울과 봄, 역경과 순경, 만남과 헤어짐. 이 모든 것들은 삶의 불가피한 구성요소들이지요.
좋은 일이 있을 때 지나치게 호들갑을 떨지도 말고, 어려운 일이 닥칠 때도 지나치게 좌절하거나 의욕을 잃지 말고 '이 또한 지나가리라' 하는 믿음을 갖고 의연히 앞을 향해 나아가야 합니다. 그러다 보면 점점 더 강해지고 단단해지는 자신을 발견할 수 있을 것입니다.

진정한 젊음이란 열린 마음으로 사는 것

더글러스 맥아더 **젊음이란 어떤 기간을 말하는 것이 아니다. ……
아름다운 것, 좋은 것, 그리고 위대한 것들에 항상 마음을 열어놓고, 나 이외의 다른 사람들과 자연, 그리고 신으로부터 오는 메시지를 기꺼이 받아들일 수 있는 열린 가슴을 가지고 있는 한, 당신은 젊음을 유지할 수 있을 것이다.**

━━ "젊음은 인생의 특정 시기가 아니다"라는 말. 언제부턴가 자주 들을 수 있는 이야기죠.
물론 신체의 나이는 분명 있습니다. 나이를 먹으면서 사람의 몸은 늙어가게 마련이지요. 하지만 살아가면서 신체의 나이보다 더 중요한 것은 정신, 마음의 나이입니다. 인간은 자신의 이상을 포기했을 때 늙어버립니다. 세월은 우리의 얼굴에 주름살을 만들지만, 자신의 이상과 꿈을 버리고 세상의 메시지에 눈과 귀와 마음을 닫으면 우리의 영혼에 주름이 지고 말 것입니다.
젊음을 유지하는 비결 가운데 하나를 알려드릴까요? 그것은 다름 아니라 계속해서 새로운 것을 배우고 익히면서 '더 나은 나'를 향해 나아가는 것입니다.

삶이란 원래 불공평하다

스기야마 히로미치 『회사라는 사막이 오아시스로 바뀌는 100가지 물방울』
불공평한 것을 불평할 시간에 지금 현실에 주력하는 것이 합리적이다. 원래 불공평한 것이 세상이라고 받아들인다면 마음 편히 지금의 일을 할 수 있다.

―― 태어날 때부터 우리 삶은 불공평하지요. 우리 모두는 부모도, 집안도, 생김새도, 지능도, 재능도, 성격도, 그 모든 것이 다르게 태어납니다. 그리고 평생 불공평한 상태로 살아갑니다. 불평하거나 좌절해 봐야 달라지는 것은 없습니다.
공평하지 않은 현실을 인정하고, 자신에게 주어진 것을 최대한 활용하며 잘 살아갈 수 있도록 고민하고 노력하는 게 중요합니다. 다른 사람이나 상황에 대해 불평해 보아야 자신만 더 초라해지고 못나질 뿐이니까요.

태어날 때부터
우리 삶은 불공평하다.
불평해 봐야 달라지지 않는다.

최상의 컨디션을 유지하라

빈스 롬바르디 피곤은 우리 모두를 바보로 만든다.

―― 1986년, 우주왕복선 챌린저호가 발사 73초 만에 폭발했던 사건의 간접적 원인이 근무자들의 수면 부족 때문이라는 발표가 있었습니다.

지나치게 피곤하면 판단을 그르칠 수 있습니다. 두뇌회전이 느려지기 때문이지요. 게다가 의욕도 떨어지고 사소한 일에도 짜증이 나서 본인은 물론 주변 사람들까지 힘들게 만들 수 있습니다.

정신의 건강을 위해서는 몸의 건강이 필수라는 사실은 모두들 아실 것입니다. 잘 자고, 잘 먹고, 몸을 많이 움직이면서 늘 최상의 컨디션에서 모든 일에 임할 수 있도록 노력하세요.

돈만 추구한다면

혼다 켄 『부자가 되려면 부자에게 점심을 사라』 **돈은 확실히 중요하지만 그것만 추구한다면 내가 하는 일을 전혀 할 수 없습니다.** 그것보다 일 자체에 긍지를 갖고 좋은 작품을 후세에 남기고 싶다는 정열로 일을 하고 있습니다. 그렇게 하면 남에게 인정받게 되고 자연스럽게 돈도 벌 수 있게 됩니다.

━ 백만장자들을 인터뷰한 끝에 얻은 혼다 켄의 결론은 우리들이 평소에 생각하던 믿음과 크게 차이가 나지 않습니다. 스스로 의미 있는 일이라 생각하는 분야에 전념하다 보면 자신의 꿈도 이루고, 남들에게 인정도 받고, 자연스럽게 돈도 벌게 되는 것이죠. 돈을 좇으면 돈은 도망가고, 돈을 좇지 않아야 돈이 우리를 따라온다는 옛말도 있듯이 말입니다.

사업이 어느 정도 궤도에 오르고 세상 사람들의 부러움을 살 수 있을 만큼 돈을 버는 데 성공한 사람들에게도 고민은 있습니다. 그 고민의 중심은 자신이 에너지를 쏟아 붓고 있는 일에 대한 사랑입니다. 그걸 제대로 갖추지 못한 부자들은 축제가 끝난 후의 공허감으로부터 자유롭지 못하죠. 때론 그 공허감이 사업까지도 위협하게 되고요.

스스로에게
자주
질문하세요

한 남자가 있었습니다. 일찍이 어머니를 여의었지만 다행히 부유한 집에 입양되어 유년기와 청소년기를 유복하게 지냈습니다. 그리고 첫사랑과 결혼하여 슬하에 1남 1녀를 두었습니다. 그러나 거듭된 사업 실패와 도박으로 가정마저 깨지고 노숙자 신세로 전락하고 말았습니다.

그는 지금 서울시가 운영하는 노숙인 전문재활센터인 서울시립 비전트레이닝센터에 살면서 공공근로를 하고 있는 안승갑 씨입니다.

서울시에서 운영하는 '희망과 인문학 과정'을 들으면서 안씨는 자신의 변화된 인생을 정리한 한 권의 책을 내놓았습니다. 『거리의 남자, 인문학을 만나다』라는 제목의 수필집인데, 거기서 그는 인문학을 통해 자신의 장점과 살아야 할 이유를 찾았다고 고백합니다.

인생은 누구에게도 '나는 누구인가?', '무엇을 추구해야 하는가?', '어떻게 살아야 하는가?', '왜 살아야 하는지?'에 대해 공짜로 해답을 주지 않습니다. 우리 스스로 열심히 찾으려고 할 때만 그 해답들은 주어집니다. 그 해답은 정해진 것도 아니고, 세월과 함께 늘 변해가는 것이지요.

쉰한 살이면 적은 나이가 아니죠. 그래도 더 늦기 전에 인문학의 도움으로 그런 질문에 답을 찾게 된 것은 다행스러운 일입니다. 사람은 자신의 일에서 더 나은 성과를 이루기 위해 노력해야 하지만, 동시에 자신의 내면세계를 향한 여행길에서 위에서 던진 질문에 대한 답을 스스로 찾아야 할 책임과 의무가 있습니다.

진지하게 열심히 묻고 답하며 살아가는 사람들이라면 위의 질문에 대한 답을 찾을 가능성의 문이 더 크게 열리게 되겠지요.

왜 살아야 할까?

왜 열심히 살아야 할까?

자신을 대신해서 어느 누구도 그 답을 찾아줄 수 없는 귀하디귀한 질문입니다.

여러분 모두 위의 질문들에 대한 답을 찾는 하루하루 살아가시기를 기원합니다.

정신을 대청소하는 일도 필요하다

존 맥도널드 『꿈의 기술』 여러분의 정신은, 세월이 흐르면서 불필요해진 가구들이며 그림과 장식품 등의 온갖 잡동사니들이 어지럽게 널려 있는 집과 같습니다. …… 질서가 없으니 목표가 없고, 목표가 없으니, 발전도 없습니다. 따라서 제일 먼저 필요한 일은 성공에 꼭 필요한 가구들만 남겨두고 모두 치우는 것입니다.

━ 생각이 많은 사람들이 있습니다. 무슨 일을 하기 전에 온갖 예상 가능한 시나리오만 만들어내다가 볼 일을 다 보는 사람들이지요. 계획을 세우는 일은 좋은 일입니다. 그러나 더 중요한 일은 무엇일까요? 그것은 바로 자신의 정신세계를 정기적으로 깔끔하게 정리 정돈하는 일일 것입니다. 그리고 필요한 것에만 집중하는 것이지요.

꼭 하지는 않아도 되는 일과 관계들은 멀찌감치 떼어놓기 바랍니다. 이것도 해야 하고 저것도 해야 한다면 처음부터 가능성이 없는 길로 들어선 겁니다. 때로는 자신에게 좀 더 냉정해야 합니다.

적극적으로 마음을 표현하라

윌리엄 제임스 인간 본성에 가장 뿌리 깊게 자리 잡은 원칙은 **모두들 누군가로부터 정당하게 인정받고 싶어 한다는 점이다.**

누군가로부터 인정을 받는 것.
누군가로부터 감사하다는 말을 듣는 것.
이는 그 사람의 자신감에 연료를 채우는 일이자 사람 사이의 관계를 한 단계 끌어올리는 데 아주 중요한 일입니다.
일을 잘 처리한 부하직원에게는 "아주 잘했어!"
뒤따라 들어가는 나를 위해 문을 잡아준 앞사람에게는 "감사합니다!"
힘든 하루를 보내고 돌아온 배우자에게는 "오늘 정말 수고했어요."
이 작은 한마디들이 모든 관계를, 나아가 세상을 탄탄하고 아름답게 만드는 보석입니다.
늘 인정하세요. 적극적으로 감사를 표현하세요.

* 윌리엄 제임스(William James, 1842-1910) : 미국의 심리학자이자 철학자.

필요할 때는 우직하게
자신의 길을
고집할 수 있어야 한다.

타인의 시선에서 자유로워져라

G. 킨켈 남의 마음에 드는지 어떤지를 문제 삼지 않는 인간이 세상에서 성공할 수 있다.

― 대부분의 사람들은 다른 사람의 시선과 생각을 의식하며 살아갑니다. 이 옷을 입으면 남들 눈에 어떻게 보일까, 내가 쓴 글에 대해서 남들은 어떻게 생각할까, 내가 그런 행동을 하면 어떻게들 말할까.

물론 완전히 다른 사람들의 시선을 무시한 채 자기 마음대로 할 수는 없을 것이고, 그게 능사는 아닙니다. 하지만 변덕스러운 세상 사람들의 평판에 어느 정도 거리를 두고 의연히 걸어가는 것이 필요하다는 얘기일 것입니다.

때로는 남의 의견이나 시선도 고려해야 하지만, 필요할 때면 우직하리만큼 자신의 의견이나 길을 고집할 수 있어야 합니다. 남이 내 삶을 대신 살아주는 건 아니니까요. 내 인생을 책임져야 하는 건 바로 '나 자신'이라는 사실, 잊지 마세요.

* G. 킨켈(Gottfried Kinkel, 1815~1882) : 독일의 시인, 교수, 혁명가.

말하는 데 늘 신중하라

벤저민 프랭클린 발걸음을 잘못 내딛은 것은 곧 고칠 수 있다. 그러나 혀를 잘못 놀린 실수는 결코 돌이킬 수 없다.

▬ 말의 힘은 실로 어마어마합니다. 이심전심이라는 말도 있지만, 사실상 사람들 사이의 커뮤니케이션은 대부분 말로 이루어지죠. 말을 잘하면 천 냥 빚을 갚을 수도 있지만, 말 한마디에 사람 사이의 인연이 끊어지기도 하고, 천금 같은 기회를 놓치기도 합니다.

실제로 나이나 직책에 관계없이 말실수를 하는 사람들이 적지 않다는 사실에 이따금 놀라곤 합니다. 아차, 하는 말실수로 평생 어렵게 쌓아온 명성과 위치를 날려버리는 사람들이 적지 않죠.

한번 내뱉은 말은 다시 주워담기 힘드니 늘 말조심을 해야 합니다. 그러자면 우선 말을 만들어내는 나의 '생각'을 바르게 다져야겠지요.

내가 한 말 한마디가 나에게 화살이 되어 돌아올 수도 있고, 애정을 담은 미소가 되어 돌아올 수도 있다는 것, 잊지 마세요.

모든 것이
시들해질 때

여러분이 평소 만나는 사람들의 범위를 한번 생각해 보시기 바랍니다. 대개 만나는 사람들의 폭이 제한되어 있을 겁니다. 업무 강도가 높은 분야의 경우에는 더더욱 다람쥐 쳇바퀴 도는 듯한 생활이 반복됩니다.

또 하나, 여러분이 접하는 정보의 범위를 한번 생각해 보시기 바랍니다. 이 또한 특별한 노력을 하지 않는 한 늘 익숙한 범위 내에서 정보 유입이 이뤄집니다.

그렇게 사람은 늘 접하는 사람이나 정보에 안주하게 될 가능성이 높습니다. 편안한 사람이나 익숙한 정보에만 노출되다 보면 이른바 '컴포트 존(comfort zone)'에 빠지기 쉽지요. 그렇게 되면 일상은 늘 반복처럼 느껴지고 앞으로도 비슷한 상황이 이어질 것처럼 보입니다.

이렇게 해서 매너리즘이 생기고 매사가 시시하게 보이게 됩니다. 이런 일들이 반복되다 보면 모처럼 새로운 경험이나 정보를 접할 기회가 주어지더라도 시들하게 대하게 됩니다.

이제껏 걸어온 길에서 벗어나 지혜를 이끌어내려면 사람과 정보의 폭을 대폭 늘리는 특별한 조치가 있어야 합니다. 사람의 폭을 늘리는 일은 쉽지 않을뿐더러 돈도 시간도 많이 듭니다. 그러나 정보의 폭을 늘리는 일은 그리 어렵지 않습니다.

스스로 삶에 의욕이 없다고 생각되면 반드시 자신이 노출되고 있는 정보의 범위와 폭을 강화할 방법을 찾아야 합니다. 그래야 삶과 일에 활력을 불어넣을 수 있고 대충 살아가는 실수를 피할 수 있습니다. 또한 앞날을 제대로 준비하지 못하는 실수도 피할 수 있지요.

이른바 끊임없는 지적 자극이 필요한 것입니다. 지적 자극이 주어지지 않으면 삶은 점점 묵직한 하중으로 인해 내려앉고 마는 형국이 될 수 있습니다.

매사가 시들하게 여겨지는 분들이라면 저의 제안에 귀를 기울일 필요가 있을 것입니다. 이런 점에서 최근에 유행하기 시작한 트위터도 한 가지 대안이 될 것입니다. 트위터에서 특정 분야에서 선두 그룹에 속한 사람들, 이른바 '이노베이터(innovator)'를 팔로워로 등록해서 새로운 정보를 많이 접해보는 것도 괜찮은 방법이지요.

지루하게 여겨지는 삶처럼 위험한 일도 드뭅니다. 자신의 삶을 항상 지적 자극과 재미로 가득 찬 활기 넘치는 삶으로 만드는 일, 반드시 필요한 일이고 누구든 할 수 있는 일입니다.

두려움을 극복하려면

<small>데일 카네기</small> 행동하지 않는 것은 의심과 두려움을 낳는다. 행동은 확신과 용기를 준다. 두려움을 극복하고 싶다면, 집 안에 가만히 앉아서 생각하지 말고 밖으로 나가서 움직여라.

━━ 어떤 일을 앞두고 생각이 너무 많아 행동으로 옮기지 못한 채 결국 포기하고 마는 경험, 많은 분들이 해보셨을 겁니다. 너무 많은 생각이 가져오는 폐해는 실패할 가능성에 대한 두려움을 키우는 것이지요.

경험이 많지 않은 운동선수들은 특히 그런 경험을 자주 한다고 합니다. 경기 전날 두려움이 엄습하면 필요 이상으로 긴장하게 되고, 결국 패배할 가능성이 커진다고 하지요. 따라서 경기 전날은 가만히 있지 말고 나가서 실전처럼 공을 던져보거나 달려보면 큰 도움이 된다고 합니다.

바깥으로 나가세요. 그리고 직접 해보세요. 연습을 실전이라고 생각하면서 말입니다.

책을 가까이 하면 외롭지 않다

데카르트 좋은 책을 읽는다는 것은 과거의 가장 훌륭한 사람들과 대화하는 것이다.

▬ 로널드 레이건 전 미국 대통령은 어린 시절 누군가로부터 "책 읽기를 좋아하게 되면 절대 외롭지 않을 것이다"라는 말을 듣고 독서를 생활화했다고 합니다. 레이건을 오랫동안 보좌했던 마이클 디버의 『미국을 연주한 드러머, 레이건』이라는 책에 소개된 일화입니다. 누군가의 말 한마디가 소년에게 아주 훌륭한 삶의 태도를 지니게 했고 나아가 한 나라의 대통령이 되도록 만든 것입니다.

책은 우리의 가장 좋은 친구입니다. 책을 가까이 하면 외롭지 않을 뿐만 아니라 훌륭한 사람들과의 대화를 통해 많은 것을 배우고 경험할 수 있습니다. 결국 그런 자산을 가지고 자신만의 세계를 만들 수 있지요. 그렇게 되면 어떤 상황에서든 자신의 페이스를 잃지 않고 살아갈 수 있습니다. 삶의 주인이 될 수 있는 것이죠.

책을 가까이 하면
외롭지 않다.
훌륭한 사람들과 대화하며
많은 것을 배울 수 있다.

어떤 사람이 승리하는가?

아놀드 파머 만약 당신이 패배했다고 생각하면 당신은 패배한 것이다. 만약 당신이 패배하지 않았다고 생각하면 당신은 패배한 것이 아니다. 인생의 전쟁은 강한 사람이나 빠른 사람에게 항상 승리를 안겨주는 것은 아니다. 승리하는 사람은 자기가 할 수 있다고 생각하는 사람이다.

─ 전설적인 골퍼 잭 니클라우스가 경쟁자인 아놀드 파머의 집을 방문했습니다. 아놀드 파머는 자신이 가장 귀하게 여기는 우승컵을 보여주었습니다. 그것은 그가 프로선수가 된 다음 처음 따낸 초라한 우승컵이었습니다. 그 우승컵과 함께 작은 상패가 벽에 걸려 있었는데, 그 상패에 적혀 있던 글귀가 바로 위의 글입니다.

처음으로 우승컵을 따낸 후 아놀드 파머는 항상 위의 글을 마음에 새기고 경기에 임했을 것입니다. 그리고 그 결과는 아놀드 파머의 전적이 보여주고 있죠.

아놀드 파머라는 골프의 대가가 바로 자신감의 힘을 보여주는 실례인 셈입니다. 믿어볼 만한 이야기가 아닐까요?

인생을 무엇으로 채울 것인가

다그 함마르셸드 운명의 틀을 선택할 권리는 우리에게 없다. 하지만 그 안에 무엇을 채워 넣을지는 우리에게 달려 있다.

━━ 그렇습니다. 어느 집에서 태어날지, 어떤 부모와 형제를 만나게 될지, 어떤 시대에 태어날지, 이런 것들은 우리가 어떻게 해볼 도리가 없는 일들입니다. 그러나 자신의 삶과 내면 세계를 무엇으로 채워갈지는 전적으로 자유 의지에 달려 있는 일입니다.

그것을 '인생의 콘텐츠'라고 할 수 있겠지요. 인생을 채우고 있는 콘텐츠는 전적으로 자기 자신이 채우고 만들어가는 것입니다.

세상에 대한 불만과 자기혐오, 대충대충 건성으로 하는 태도로 인생의 콘텐츠를 채우시겠습니까? 아니면 세상에 대한 감사와 애정, 자신감과 성실한 태도로 채우시겠습니까?

* 다그 함마르셸드(Dag Hjalmar Agne Carl Hammarskjold, 1905~1961) : 스웨덴의 경제학자로, UN 사무총장을 역임했고(1953~1961), 노벨평화상을 수상하기도 했다(1961).

Letter

착실하게 콘텐츠를 쌓아가세요

언젠가 오전 강연을 마치고 몇 분과 함께 식사를 하던 중이었습니다. 이런저런 이야기를 나누다가 한 분이 저에게 물었습니다. 선거철도 다가오는데 정치 같은 것에 관심이 없느냐는 것이었지요.

저는 이것저것 생각하지도 않고 순간적으로 이렇게 답했습니다.
"인생은 콘텐츠입니다."

그리고 "직책이나 직위가 중요하지 않다는 이야기는 아닙니다. 하지만 그런 것보다는 콘텐츠가 정말 중요하다고 생각합니다" 하고 덧붙였습니다.

제 대답이 끝나자마자 오랫동안 공직 생활을 해오신 분이 이렇게 말씀하시더군요.

"그렇죠. 다 잠시 머물다 가는 것이지요. 어떤 자리이든지 영원한 건 없지요."

자리를 추구하는 일, 부를 추구하는 일, 명성을 추구하는 일. 그런 일들도 모두 가치 있는 일들일 것입니다. 그러나 나이를 조금씩 먹어가면서 삶에서 비중을 두는 것이 외관이나 외형으로부터 점점 다른 곳으로 이동해 갑니다. 내면을 풍요롭게 만드는 일로요.

물론 젊은 날부터 '콘텐츠'만을 지나치게 중시하는 일은 위험할 수도 있습니다. 다만 자신에게 맞는 옷을 입고, 자신에게 맞는 신발을 신고, 착실하게 삶의 콘텐츠를 쌓아가는 일은 반드시 필요하지요. 유행이나 시류에 지나치게 휘둘리지 말고 말입니다.

저의 말이 핵심을 찔렀는지 그날 아침을 마치고 난 다음 여럿이 함께 이동하는데 몇 분이 자꾸 그 문장을 반복하더군요.

"그래, 인생은 콘텐츠야……"라고 말입니다.

자신보다
나은 사람과 사귀어라.
그것이 가장 유익한 사귐이다.

젊은이에게 주는 조언

W. M. 새커리 젊은이들에게 조언하건대 **자신보다 나은 사람과 사귀어라.** 책에서든 인생에서든 그것이야말로 가장 유익한 사귐이다. 올바른 대상에게 감탄하는 법을 배우라. 그것이야말로 인생의 큰 즐거움이다. 위대한 사람들이 감탄한 것에 주목하라. 그들은 위대한 것에 감탄하는 반면 천박한 사람은 천박한 것에 감탄하고 그것을 숭배한다.

━ 오늘 자신이 걸어가고 있는 길을 보세요. 그곳에서 자신의 미래를 볼 수 있습니다. 당신은 지금 나날이 성장하기 위해 노력하는 사람들과 교류하고 있나요, 아니면 목표도 없이 그저 그렇게 살아가는 사람들만 만나고 있나요? 당신 삶을 윤택하고 깊이 있게 만들어줄 대상들에게 관심을 갖고 있나요, 아니면 순간의 흥분과 재미만을 주는 대상들에게 열광하고 있나요?

* W. M. 새커리(William Makepeace Thackeray, 1811~1863) : 영국의 소설가.

인생에 몰입할 때 행복은 온다

미하이 칙센트미하이 『몰입Flow』 행복은 의식적으로 찾는다고 해서 얻어지는 것은 아니다. …… 좋든 싫든 간에 우리 인생의 순간순간에 충분히 몰입하고 있을 때만 행복은 오는 것이다.

━━ 누군가 제게 왜 그렇게 부지런히 책을 읽느냐고 묻는다면, 책 속에 진실이 있고 행복이 있기 때문이라고 답하겠습니다. 아침에 일어나 30분 정도 몰입하여 책을 읽으면 다시 세상과 맞설 수 있는 힘과 용기를 갖게 되거든요.

우리는 외부의 것들을 추구하며 살아갈 수밖에 없겠지만, 그런 성취가 행복감을 오래 가져다주지는 못합니다. 과정 그 자체에 몰입할 수 있을 때 행복감을 느낄 수 있습니다.

그런데 칙센트미하이 교수와 저의 견해가 조금 다른 부분이 있네요. 칙센트미하이 교수는 행복은 의식적으로 찾는다고 해서 얻어지는 게 아니라고 했지만, 저는 행복해지려고 의도적으로 노력할 필요는 있다고 생각하거든요.

타인의 말에 귀 기울여라

베버리 브리그스 경청은 귀에 관련된 것이라기보다는 믿음, 존경, 관심, 그리고 정보의 공유에 관한 것이다.

― 대부분의 사람들은 들리는 것의 25퍼센트만을 제대로 듣는다고 합니다. 나머지 75퍼센트는 그냥 흘려듣고 마는 것이지요. 아마도 그 25퍼센트는 자신이 듣고 싶은 이야기일 가능성이 높습니다.

누군가를 만났을 때 그 사람의 이야기를 귀 기울여 듣는 것은 타인에게 호감을 주는 최고의 방법 가운데 하나입니다. 상대방의 말에 관심이 있으며 상대방을 존중한다는 것을 나타내기 때문이지요. 물론 그 과정을 통해서 행간에 담긴 의미를 포착하고 그 의미 속에서 기회를 발견할 수도 있습니다.

이제부터는 누군가와 대화를 할 때면 온전히 상대방의 말에 귀를 기울이세요. 상대방의 눈을 쳐다보며 미소를 짓기도 하고 고개를 끄덕거리기도 하면 더 좋겠지요.

Letter

다양한 인생을 살아보고 싶다면

우리의 삶은 참으로 유한하지요. 백년 천년 살 것처럼 살아가지만 이 땅에 머물 수 있는 시간은 제한되어 있습니다. 인생을 마감할 때가 되면 쌓았던 모든 것을 두고 저 세상으로 가게 됩니다. 어떻게 하면 이 땅에서 삶의 길이를 늘리고 깊이를 키울 수 있을까요?

소설가 김주영 씨는 "독서는 남의 인생을 살아보는 것이다"라고 말합니다. 짧지만 참으로 명쾌한 정의입니다. 또한 그는 이런 이야기를 더합니다. "책은 내 삶을 살찌우고 내 이웃을 이해할 수 있는 폭을 넓혀줍니다. 힘들게 자신의 인생을 담은 한 권의 책은 작가의 반성문이에요. 남의 반성문을 읽는 것은 너무나 좋은 일이에요." ('독서는 남의 인생을 살아보는 것,' 《매일경제》, 2009. 12. 23)

저는 최근에 읽었던 책 가운데 도널드 트럼프의 『반드시 해내겠다 말하라』가 인상적이었습니다. 그 책을 읽으면서 수없이 많은 밑줄을 그었습니다. "자신과 자신의 일을 진심으로 대하는 것은 큰 자산이다", "내가 살면서 깨달은 것 중 하나는 인생은 발견의 연속이라는 사실이다", "일을 예술로 바라보면 예술가의 섬세함을 갖고 업무에 임할 수 있다" 등등.

이렇게 책을 읽다 보면, 잘사는 방법에 대한 지혜는 하나로 통한다는 생각을 하게 됩니다.

　책을 가까이 하는 것은 마음의 밭을 열심히 가는 작업이지요.

　책을 가까이 하는 것은 변화가 극심한 시대에 자신을 보호하는 실력을 쌓는 일이지요.

　책을 가까이 하는 것은 살아가는 재미를 더하는 일이지요.

　책을 가까이 하는 것은 삶에 대한 호기심을 더하는 일이지요.

　책을 가까이 하는 것은 열심히 살아야 할 이유를 발견하는 일이지요.

　책을 가까이 하는 것은 자신의 삶을 되돌아볼 수 있는 기회를 얻는 일이지요.

　책을 가까이 하는 것은 번쩍거리는 상상력과 창조성을 발휘하게 되는 일이지요.

　우리의 삶은 하나이지만, 언제 어디서나 본인이 원하기만 하면 타인의 삶을 경험하고, 거기서 배움을 얻을 수 있습니다. 책을 통해 제2, 제3, 제4의 삶을 마음껏 누려보시기 바랍니다.

3장

순간의 소중함을 위하여

오늘을 살다

현재를 즐겨라!

영화 〈죽은 시인의 사회〉에서 존 키팅 선생의 말 Carpe diem! Seize the Day! Make your lives extraordinary. 현재를 즐겨라! 삶을 특별하게 만들어라.

――― 1990년에 개봉하여 세계적으로 큰 인기를 끌었던 영화 〈죽은 시인의 사회(Dead Poets Society)〉에서 존 키팅 선생이 학생들에게 해주는 말입니다. Carpe diem!은 고대 로마의 시인 호라티우스(61~8, BC)의 시에 나오는 구절이죠.

제가 내세울 수 있는 습관 가운데 하나가 매순간 아주 잘 몰입할 수 있다는 점입니다. 저는 행복이, 그리고 성공이 모두 순간에 얼마나 충실할 수 있는가에 크게 좌우된다고 믿는 사람입니다. 내일 어떻게 될지는 알 수 없지 않습니까? 오로지 내가 다룰 수 있는 것은 지금 이 순간밖에 없습니다. 그래서 저는 항상 스스로에게 순간순간 최대한 충실하게 살자고 말합니다. 어느 시인의 시구에 나오듯 "인생의 모든 순간이 꽃봉오리"인 것처럼 말이죠.

지금 행복해지자!

스테판 M. 폴란, 마크 레빈 『8가지만 버리면 인생은 축복』 우리의 삶은 미래가 도착할 때까지 참고 견디며 살아야 하는 그런 것이 아니다. …… 존재하지 않을 수도 있는 내일이 올 때까지 환희와 기쁨을 연기하지 말자.

━━ 미래를 위해서 현재를 희생하는 사람들을 종종 봅니다. 물론 무언가를 성취하기 위해서는 현재의 안락을 어느 정도 유보해야 하는 것이 사실이기는 합니다. 하지만 미래의 목표와 행복을 위해 현재의 즐거움을 온전히 외면한다면 영영 행복은 만나지 못할지도 모릅니다.

현재를 즐기자! 동시에 미래를 준비하자!

이 두 가지 사이에 적절한 균형을 유지해 나가는 일이야말로 인생의 진수라 할 수 있겠지요.

우리는 어떻게 만들어지는가?

리처드 S. 테들로 일하는 시간에 무엇을 하느냐에 따라 우리가 소유하는 것이 결정된다. 또한 여가 시간에 무엇을 하느냐에 따라 우리가 누구인지가 결정된다.

― 직업과 삶의 본질을 꿰뚫는 글입니다. 일을 통해서, 휴식을 통해서 우리는 끊임없이 자신을 만들어가고 있으니까요. 여러분은 어떻게 일하세요? 그리고 어떻게 여가 시간을 보내세요?

자신이 하는 일에서 어느 정도 성공하고 싶다면 열심히 성실하게 일하면 됩니다. 그리고 삶을 풍요롭게 만들고 싶다면 여가 시간을 단지 휴식만이 아니라 다양한 관심사들로 채우면 됩니다.

저는 충분한 시간을 낼 수 있다면 여행을 떠납니다. 나라 안팎의 역사적인 명소들을 찾고, 시간이 없을 때는 가까운 전시회나 박물관의 기획전 등을 찾습니다. 그렇게 가슴 가득 감동을 채워서 돌아오곤 하지요.

좋은 운명을 지니려면
좋은 습관을 지녀야 한다.

습관이 운명을 만든다

토머스 데커 운명은 그 사람의 성격에 의해서 만들어진다. 그리고 성격은 그 사람의 일상의 습관에서 만들어진다.

━ 그렇다면 좋은 운명을 지니려면 좋은 습관을 지녀야겠군요. 좋은 습관으로 좋은 운명을 만들 수 있다니, 대단한 희소식입니다.
성격은 많은 부분 타고나는 것이지만, 우리는 세상을 살아가면서 타고난 성격에 새로운 성향과 인격을 덧붙이며 살아갑니다.
어떤 습관을 가지고 살아가느냐에 따라 우리의 성격이 만들어지고, 우리는 또한 성격에 따라 행동하고 살아가게 됩니다.
따라서 매순간을 어떻게 대하는가에 따라 한 사람의 삶이 결정된다고 말할 수 있겠지요.

* 토머스 데커(Thomas Dekker, 1572~1632?) : 영국의 극작가 겸 문필가.

Letter

재미있게
사는
나만의 방법

어제 저녁에 강동구에서 강의가 있었습니다. 서울 시내니까 차에 의지하지 않고 혼자서 강의하는 곳까지 가보기로 했습니다. 어느 누구의 간섭도 받지 않고, 어느 누구도 의식하지 않고 서울 시내의 이곳저곳을 왔다 갔다 하는 것도 아주 좋은 경험일 테니까요.

광화문에서 회의를 끝낸 다음, 지하철 5호선을 타고 천호역에서 내려 3번 출구로 나와서 주변에 있는 커피숍에 진지를 구축한 다음 두 시간 남짓 집중적으로 작업을 했습니다. 그리고 나서 근처 백화점에서 저녁을 먹고 강연 장소로 이동했습니다.

저는 이따금 이렇게 혼자 다니면서 '참으로 자유롭다'는 느낌을 받습니다. 그리고 그 느낌을 아주 소중하게 생각합니다.

그런데 어제는 이동 과정이 참 재미있었습니다. 스마트폰에 들어 있는 애플리케이션인 '지하철과 관련된 앱'과 한 포털 사이트에서 제공하는 '지도 서비스 앱'을 동시에 활용해 보았지요.

대단하더군요. 어느 누구에게 길을 물어볼 필요도 없이 두 가지를 동시에 활용하니 완벽하게 도착지까지 찾아갈 수 있었습니다.

스마트폰의 파워를 확인할 수 있는 하루였습니다. 이런 앱뿐만 아니라 본인이 필요하다고 느끼는 앱을 하나하나 담아서 사용해

보는 일도 멋진 경험일 거라 생각합니다.

  나이를 먹으면 젊은 사람들에 비해서 무엇이든 배우는 일이 더디지요. 유행에 발맞춰서 지나치게 빨리 갈 필요는 없지만, 필요하다고 생각하면 배워서 자신의 삶에 적용해 보는 일이 꼭 필요합니다. 이런 삶의 태도야말로 자신의 삶에 스스로 재미를 추가하는 멋진 방법 가운데 하나라 생각합니다.

  무엇이든 필요하면 배우고 익혀서 자꾸 활용해 봐야 합니다. 그리고 새로운 것을 배울 때면 젊은 사람들에게 물어보는 일, 그리고 서두르지 않고 하나하나 착실하게 익혀가는 일이 꼭 필요합니다.

  어제 저는 한 가지가 아쉬웠습니다. 커피숍에서 나오는 음악이 어떤 곡인지 알고 싶었거든요. 그렇게 음악을 인식할 수 있는 앱이 있다고 막내가 이야기를 해준 적이 있는데, 그것을 갖고 있지 않았거든요. 그 앱도 어서 설치해야 할 것 같습니다.

완전히 쓰이는 삶

조지 버나드 쇼 **나는 완전히 쓰이고 나서 죽고 싶다.** 내가 열심히 일할수록 나는 더 많이 사는 것이기 때문이다.

— "완전히 쓰이고 나서 죽고 싶다."

여러분은 이 말에 공감하시나요?

'이래도 한평생, 저래도 한평생인데 굳이 그렇게 열심히 살 필요가 있을까?' 하는 의문을 가진 분들이 있다면, 삶을 무어라고 생각하는지 묻고 싶습니다.

삶은 우리에게 주어진 찰흙과도 같습니다. 원하는 대로 어떤 모양으로든 만들 수 있습니다. 조지 버나드 쇼의 말처럼, 열심히 일할수록 우리는 더 많은 삶을 사는 것이고, 더 많이 누릴수록 삶은 더욱 풍요로워집니다.

때로 바쁜 것이 마음을 망친다

카마다 마사루 『판단을 주저하는 사람은 미래가 없다』 '바쁘다'는 한자 망(忙)은 심변(心邊)에 '망할' 망(亡)을 쓴다. 풀이를 하면, 바쁘다는 것은 마음을 망친다는 뜻일지도 모른다.

― 항상 '바쁘다 바빠! 바빠 죽겠네'를 입에 달고 살면서도 허둥대기만 하고 별다른 성과를 내지 못하는 사람들이 있습니다. 반면에 많은 일을 앞에 두고 있으면서도 늘 여유로워 보이고 일처리는 깔끔하며 미래까지 대비하는 사람들이 있습니다.

'바쁘다'는 말을 입에서 떼어버리세요. '바쁘다'고 말할 때마다 우리의 마음을 망치게 될지 모르니까요. 그리고 바쁨에 휘둘리지 않고 싶다면 가능한 한 생활을 단순화시키고 모든 걸 다 잘해야 한다는 생각을 접기 바랍니다. 그리고 반드시 잘해야 하는 일에 더욱 정성을 들여보세요.

혼자 있는 시간을 의미 있게 보내라

엘리자베스 퀴블러 로스 『인생수업』 사랑하는 사람들과 좋은 시간을 보내는 것도 중요하지만 당신 **혼자 있을 때도 근사하게 시간을 쓸 줄 알아야 합니다**. 그것은 다른 이들이 떠나고 없을 때나, 우연히 혼자 있을 때 갖게 된 시간이어서는 안 됩니다. 오직 자신과 자신의 행복을 위해 아껴둔 시간이어야 합니다.

― 혼자 있을 때 시간을 어떻게 보내는지를 보면 그 사람의 깊이와 그릇의 크기를 알 수 있습니다. 혼자 있는 시간을 제대로 보낼 수 있다면 성숙한 사람이라고 할 수 있을 것입니다.

혼자 보내는 시간을 무의미하게 보내는 사람들이 적지 않지요. 그리고 무리 속에 섞여 있지 않으면 불안해하는 사람들도 있습니다. 그러나 진정으로 자기 자신이 되어 온전히 자신이 원하는 일을 하고 거기서 행복감을 느낄 수 있는 것은 혼자 있을 때만 가능합니다.

이제부터라도 혼자 있는 시간을 즐길 수 있는 방법을 찾아보세요.

혼자 있는 시간을
제대로 보낼 수 있는 사람이
성숙한 사람이다.

우정을 지키기 위해서는

빌 게이츠 시니어 『게이츠가 게이츠에게』 나는 우정을 지켜가기 위해서는, 아끼는 사람들에게 우리가 그들을 늘 생각하고 소중히 여긴다는 사실을 상기시켜 주는 '수고'가 필요하다고 생각한다.

━━ 누군가와 장기적인 관계를 맺으며 살아간다는 것은 그 관계를 유지하기 위해 시간과 에너지를 들이는 일입니다. '내가 당신을 이렇게 생각하고 있습니다'라는 메시지를 정기적으로 보내는 일은 정말 중요하지요. '그런 걸 꼭 말로 해야 하나?' 하고 생각하는 사람들도 있을 것입니다. 하지만 아무런 말도 행동도 하지 않는데 상대방이 우리의 마음을 저절로 알 수는 없습니다. 우리에게 소중한 관계라면 그에 합당한 노력과 정성을 들여야 합니다.

한 가지에 에너지를 집중하라

켄 블랜차드 외 『춤추는 고래의 실천』 에너지를 여러 군데로 분산시키지 마십시오. 집중하세요. 많은 지식을 얻으려고 애쓰지 말고, 적은 지식이라도 실천하기 위해 노력하세요.

─ '한 가지 생각을 따라 에너지를 집중하는 것'이 삶의 정수, 성공의 정수라고 할 수 있을 것입니다.
요즘은 '멀티 플레이어'가 환영받는 세상이기도 하지만, 그것은 아주 드문 경우이며 멀티 플레이어라도 진정 능력을 최대한 발휘하는 분야는 아마도 한 가지 정도에 불과할 것입니다.
대부분 사람들이 사용할 수 있는 에너지는 한정되어 있습니다. 이것저것에 에너지를 쓰다가는 그 어느 것도 제대로 자기 것으로 만들지 못할 것입니다.
자신의 인생 지도에서 꼭 필요한 방향으로 나아가는 데 에너지를 집중하세요.

Letter

세월을 헛되이 보내버린다면

　어제 저녁, 자기경영 아카데미에서 아이들 교육을 마치고 돌아오는 길이었습니다. 잠시 건널목에 차가 멈추어 섰는데 FM 라디오에서 이런 문장이 흘러나왔습니다.

　"나이를 먹는 것은 그다지 두렵지 않았다. 나이를 먹는 것은 내 책임이 아니다. 누구나 나이는 먹는다. 그건 어쩔 수 없는 일이다. 내가 두려웠던 것은 어느 한 시기에 달성해야 할 무엇인가를 달성하지 않은 채로 세월을 헛되이 보내는 것이었다. 그건 어쩔 수 없는 일이 아니다." (무라카미 하루키, 『먼 북소리』)

　세월이 흘러가는 것을 어떻게 할 수 있겠습니까. 하지만 가장 안타깝고 슬픈 일은 인생이라는 여행길의 정거장마다 자신이 꼭 완수해야 할 일을 내적인 이유나 외적인 이유 때문에 미처 다 마무리하지 못하는 일일 것입니다.
　누구나 한평생을 살다 가지만, 어떤 사람의 삶에는 아쉬움이나 후회가 적고 어떤 사람의 삶에는 아쉬움이 많을 수 있습니다.
　어제 저는 자기경영 아카데미에 참석한 학생들에게 이런 이야기를 들려주었습니다.

"선생님은 아쉬운 것이 별로 없다. 왜냐하면 삶의 모든 대목마다 내가 할 수 있는 한 최선을 다했기 때문이다. 부모님이 뒤를 봐주시는 날들은 그렇게 길지 않다. 할 수 있는 한 열심히 해라. 좋은 대학을 가고 못 가고는 그 다음 문제다. 대충 흘려보내 버린 세월처럼 후회스러운 것이 없다. 세월은 주워 담을 수 없거든. 특히 젊은 날은."

아마도 무라카미 하루키의 글이 가슴에 와 닿았던 것은 평소에 내가 갖고 있는 생각과 꼭 맞아떨어졌기 때문일 것입니다.

강의에서 받는 질문들은 대부분 곧 잊고 마는데, 며칠 전 한 기업의 신입사원 강연 때 받았던 질문은 아직도 생각납니다. 강의가 막 마무리되었을 때 한 젊은이가 이렇게 물었습니다.

"공 박사님이 지금 저희들처럼 막 회사 생활을 시작하는 처지에 있다면 어떻게 사시겠습니까?"

저라면 이것저것 고민할 필요 없이 평생 동안 내가 무엇을 어떻게 하고 살아가야 할지를 찾아내기 위해 이것저것 닥치는 대로 열심히 할 것입니다.

그냥 열심히 하는 정도가 아니라 죽을 힘을 다해 열심히 살아갈 것입니다.

고교생 강연, 신입사원 강연, 무라카미 하루키의 말 등 덕분에 인생을 살아가는 방법에 대해 다시 생각해 본 저녁이었습니다.

나는 행복할 가치가 있다

나다니엘 브랜든 『자존감』 자존감이란 무엇일까? 살면서 부딪히는 각종 문제를 자신이 해결할 수 있고 자신은 행복을 누릴 가치가 있다고 믿는 경향이다.

─ '난 잘 해낼 수 있을 거야. 이제까지도 잘해왔거든.' '난 꽤 괜찮은 사람이야.' '더 노력하면 나는 훨씬 더 멋진 사람이 될 수 있을 거야.'
이렇게 자신을 인정하고 존중하는 마음은 무척 중요한 자산입니다. 한 사람이 행복하고 성공적인 삶을 살아가는 데 있어서 그 무엇보다도 중요한 필수적인 자산이라고 할 수 있지요. 자신은 잘 해낼 수 있고 행복할 가치가 있다고 믿지 않는다면 결코 잘 해낼 수도, 행복해질 수도 없을 테니까요.
저는 저를 귀하게, 그리고 정중하게 대하려고 노력합니다. 저의 시간뿐만 아니라 언행도 가능한 한 귀하게 하려고 노력합니다. 남이 보든 보지 않든 간에 자신을 정중하게 대하는 것이 자존감을 갖는 첫걸음이지요. 그리고 높은 자존감을 갖고 있는 사람이 타인도 그렇게 대할 가능성이 훨씬 높답니다.

하루 24시간을 제대로 사용하려면

마이클 겔브 『거인의 어깨 위에 올라서라』 당신의 삶에서 무엇이 가장 중요한 일인지 일의 우선순위를 따져보는 것은 시야를 넓히기 위한 열쇠이다.

― 누구에게나 하루에는 24시간이 주어집니다. 그러나 어떤 사람에게는 24시간이 48시간처럼 보이고 어떤 사람에게는 12시간처럼 느껴지죠. 해야 할 일을 하지도 못했는데 하루가 다 가버린 경험, 누구든 있을 겁니다.

제한된 시간을 현명하게 사용하며 살고 싶다면 우선순위를 정하는 습관을 들이세요. 그날그날 할 일을 수첩에 적고, 중요도에 따라 순위를 매기는 겁니다. 그리고 그 순위에 따라 시간을 배분합니다. 물론 상황 변화에 따라 하루 중에도 순위는 바뀔 수 있습니다. 융통성을 가져야 하지만 이런 간단한 방법을 실천하는 것만으로도 놀라운 변화, 즉 내가 나의 하루의 진정한 주인이 된 기분을 느낄 것입니다.

그날그날 당신의 삶에서
무엇이 가장 중요한지 따져보는 것은
시야를 넓히는 중요한 열쇠다.

죽음을 의식하면 삶이 달라진다

스티브 잡스 인생의 중요한 순간마다 곧 죽을지도 모른다는 사실을 명심하는 것이 저에게 가장 중요한 도구였습니다. **자부심과 자만심, 그리고 수치심과 실패에 대한 두려움은 죽음과 직면할 때 모두 떨어져 나갑니다. 그리고 진실로 중요한 것들이 남습니다.**

애플의 CEO 스티브 잡스는 암을 극복한 것으로 유명합니다. 처음 암 진단을 받았을 때 그의 주치의는 집으로 돌아가 신변 정리를 하라고 말했다고 합니다. 그러나 그는 암을 이겨내고 지금도 활발하게 활동하며 애플의 신화를 이어가고 있습니다.

그는 죽음에 대한 자각이 자신의 인생을 변화시켰다고 말합니다. '오늘이 삶의 마지막 날이라면'이라는 생각으로 후회 없는 삶을 살기 위해 노력했다는 것이죠.

그처럼 우리의 삶이 이미 죽음을 예비해 두고 있다는 사실을 잊지 않는 것만으로도 삶의 자세는 크게 달라질 수 있을 것입니다.

인생의 승자와 패자

데니스 웨이틀리 『데니스 웨이틀리의 승자의 심리학』 패자는 과거에 산다. 하지만 승자는 과거로부터 배우고 미래를 바라보며 현재에 일하는 것을 즐긴다.

― 전 세계적으로 대단히 인기 있는 연사이자 생산적인 컨설턴트로 활동하고 있는 데니스 웨이틀리의 말입니다.
패자는 과거를 곱씹으며 살아갑니다. '내가 왜 그렇게밖에 할 수 없었을까? 그때 그러지 말고 이렇게 할 것을……' 그러나 과거는 이미 흘러가버렸고, 이제는 그 누구도 어떻게 할 수 없습니다. 과거에서 교훈을 얻고 동일한 실수를 하지 않는 것은 중요하지만 떠나버린 과거를 바라보느라 앞으로 나아가지 못하는 것은 어리석은 짓입니다. 미래를 바라보며 현재 할 수 있는 최대한의 노력을 해야 합니다.

Letter

분노를 다루는 방법

지난해, 미국 하버드대학교의 흑인 교수 헨리 루이스 게이츠가 잠긴 자기 집의 문을 무리하게 밀치고 들어가다 도둑으로 오인 받아 체포된 사건이 있었습니다. 이 사건은 조용히 무마될 수도 있었지만, 버락 오바마 미 대통령이 경찰의 행동을 '어리석었다'고 지적하면서 시끄러운 사건이 되고 말았습니다.

이 사건을 보면서 얼굴이 알려진 사람들이 '분노'를 어떻게 다루어야 하는가 하는 점에 대해 생각해 보았습니다.

누구든 화가 날 때가 있지요. 그런데 순간적인 착오나 성급함으로 인하여 화가 외부로 표출될 때는 예상치 못한 파장을 불러일으킬 수 있습니다.

분노를 제대로 다루지 못해 크게 손해를 본 정치인으로 미국의 존 매케인 상원의원을 꼽을 수 있습니다. 그는 조지 W. 부시 전 미 대통령과 공화당 대통령 후보 지명전을 진행하던 중 분노를 표출함으로써 유권자들로부터 신망을 크게 잃었던 적이 있지요. 화가 나서 격정적인 제스처를 취하는 장면이 고스란히 텔레비전 화면에 비쳤던 기억이 납니다.

이유는 둘째 치더라도 얼굴이 알려진 사람이 화를 제대로 제어

하지 못하는 모습을 보이면 명성에 큰 손상을 입을 수 있습니다.

이런 점에서 〈래리 킹 라이브〉에 출연한 콜린 파월 전 미 국무장관의 말은 화를 다루는 방법에 대한 시의적절한 지적이었습니다.

"나는 흑인이라는 이유로 여러 번 차별을 당해보았다. 차별에 노출되지 않은 흑인은 미국에 한 명도 없을 것이다. 그러나 억울한 상황에 부딪히더라도 곧바로 분노를 표출하지 말고 일단 받아들여야 상황이 악화되지 않는다."

화나는 상황이 발생하면 이렇게 해보세요.

1. 지나치게 개인적인 공격으로 생각하지 않는다.
2. 상대방의 입장에 서본다.
3. 화가 외부로 향하는 화살을 잠시 멈춘다. (하나, 둘, 셋 등과 같이 숫자를 셀 수도 있고 심호흡으로 잠시 기분을 가다듬을 수도 있음)
4. '생각만큼 심각한 일은 없다'고 자신을 타이른다.
5. 시간을 두고 대처한다.

옛말처럼 화가 나는 순간에 마음속에 참을 '인(忍)' 자를 세 번 쓸 수 있다면 대부분의 분노는 제어할 수 있을 것입니다. 그렇게 평소에 분노를 다룬 성공적인 경험을 한 번 두 번 축적해 가면서 통제방법을 나름대로 익혀야 합니다. 화가 날 때면, 한 순간의 생각이 많은 것을 날려버릴 수 있음을 기억하세요.

항구를 떠나라!

마크 트웨인 앞으로 20년 후에 당신은 자신이 한 일보다는 **하지 않은 일**로 인해 더 실망하게 될 것이다. 그러니 **밧줄을 풀고** 안전한 항구를 벗어나 항해를 떠나라. 돛에 무역풍을 가득 담고 탐험하고, 꿈꾸고, 발견하라.

'살까 말까 망설여지는 물건은 사지 말고, 할까 말까 망설여지는 일은 하라'는 말이 있더군요. 진리를 담고 있는 말이 아닌가 생각했습니다.

누구라도 '그때 그렇게 했어야 했는데……' 하고 아쉽게 떠오르는 일들이 한두 가지씩은 있을 것입니다.

무모하게 아무런 준비 없이 여기저기 부딪쳐도 안 되겠지만, 삶에는 어느 정도 위험을 감수하고라도 항상 도전하는 자세가 필요합니다.

망설이지 마세요. 세상으로 박차고 나가 탐험하고, 꿈꾸고, 해내세요!

더 많이 행하고, 더 나은 사람이 되라

도널드 트럼프 늘 더 많은 것을 추구하라. **결코 만족하지 마라.** 자신의 성취에 결코 안주하지 마라. 더 많이 실행하고, 더 나은 사람이 되기 위해 노력하고, 더 많은 것을 고객과 주변 사람에게 돌려주어라.

━━ 사람이란 존재는 어느 정도 무언가를 이루고 나면 처음에 비해서 긴장감을 잃고 안일해지기 쉽습니다. 이 정도면 되겠지, 이쯤이면 되겠지, 이제 좀 천천히 가도 되겠지……
그러나 그런 마음을 갖는 순간 우리의 삶은 후퇴하기 시작합니다. 성취를 위한 에너지는 일단 줄어들기 시작하면 급속히 말라버린다는 사실을 저는 경험을 통해 깊이 체험했습니다. 에너지는 계속 흘러갈 때 에너지로서의 힘을 갖습니다.
늘 첫걸음을 내딛기 시작하던 때의 열정과 각오를 상기하고, 늘 처음처럼 진지하고 치열하게 노력해야 합니다. 우리의 삶이 끝나는 그날까지.

당신은 어떤 사람입니까?

데일 카네기 **세상에는 세 종류의 사람이 있습니다.** 첫 번째는 자신의 꿈을 이루기 위해 노력하는 사람이지요. 두 번째는 다른 사람의 꿈을 대신 사는 사람입니다. 세 번째는 아무런 꿈도 없는 사람입니다.

―― 이따금 자신의 한계를 미리 정해 버린 사람들을 만납니다. 꼭 나이를 먹어서가 아니라 젊은이들 가운데에도 '성공은 나와는 별 관련이 없는 타인의 일'이라고 생각하는 사람들이 있습니다. 그런 말을 들을 때면 저는 다소 분노(?)합니다. 마치 내 일인 것처럼 말입니다.

한편으로는 자신이 할 수 있는 최대한의 노력도 해보지 않고 어떻게 그처럼 쉽게 단정 지을 수 있을까, 하는 생각에, 또 다른 한편으로는 한 번 살다 가는데 어떻게 인생이란 무대에서 주역이 되지 않고 손쉽게 조역이 되기로 결정할 수 있는가, 하는 점 때문입니다.

젊은 그대에게

따르릉…… 따르릉……

"졸업생 환송회에서 한 말씀 해주실 수 있겠습니까?"

일정을 확인한 다음 그렇게 하겠다고 약속을 했습니다. 그리고 고등학교를 다니는 아이들, 그리고 이제 막 고등학교를 졸업하고 대학을 진학하는 학생들 앞에서 무슨 이야기를 들려줘야 할까 고민했습니다. 그리고 다음과 같은 이야기를 해주었습니다.

우선, 부모를 잘 만나서 좋은 교육을 받을 수 있는 것은 엄청난 행운이라는 사실을 기억하세요. 절대로 여러분이 누리고 있는 교육을 당연한 것으로 받아들이지 않기를 바랍니다.

자신이 받은 것에 대해 깊이 감사하는 마음을 갖고, 자신이 누리는 것을 열 배, 백 배, 그리고 천 배로 자신과 가족 그리고 사회에 돌려줄 수 있도록 노력해야 합니다.

그리고 어디서 무엇을 하건 간에 적당히, 대충 해서는 안 됩니다. 최선을 다해서 열심히 하세요. 열 가지를 해야 하면 스무 가지를, 스무 가지를 해야 한다면 마흔 가지를 할 수 있도록 정성을 들여서 최선을 다하기 바랍니다. 자신이 들이는 정성은 훗날 반드시 표가 나게 마련입니다.

어디서 누구를 만나든 상대에게서 무언가 배우겠다는 겸손한 마음과 자세로 만나기 바랍니다. 자신감을 갖고 살아가는 것은 좋지만, 오만함이나 자만심에 휘둘리지 않도록 주의에 주의를 더하기 바랍니다. 따뜻한 마음, 배려하는 마음, 겸손한 마음으로 주변 사람들을 대하기 바랍니다.

세상에는 공짜가 없습니다. 젊은 날 좀 더 열심히 하고, 좀 더 도전하고, 좀 더 실험하기 바랍니다. 안정과 안락은 열심히 한 결과로 손에 넣을 수 있는 것이지, 그 자체를 추구해야 하는 것은 아닙니다. 젊어서부터 편안하게 살 생각은 하지 마세요.

이런 저의 이야기들이 학생들의 마음에 작은 씨앗으로 심어져 그들의 삶을 통해 울창하게 피어나길 바라는 마음입니다.

어디서 무엇을 하건 간에
적당히, 대충하지 말라.
열 가지를 해야 하면
스무 가지를 하라.

생각은 리허설 중인 행동이다

<small>잭 캔필드 『잭 캔필드의 Key』</small> 생각이란 머릿속을 이리저리 떠다니는 희미한 구름 같은 것이 아니다. …… **생각은 리허설 중인 행동이다. 당신의 생각은 강력한 힘을 지니고 있다.**

━━ 사람은 생각하는 대로 행동하게 마련이고, 결국 그 행동들이 쌓여 한 사람의 삶이 만들어집니다.

지금 어떤 생각을 하고 있는가, 평소에 어떤 생각을 지니고 살아가는가가 우리의 미래를 만들고, 나아가 '나'라는 사람을 만듭니다.

좋은 생각, 의미 있는 생각, 긍정적인 생각, 적극적인 생각으로 더 가치 있는 '나'를 만들어가세요.

멈춰 서서 나를 돌아보는 시간

기 코르노 『마음의 치유』 우리는 내면의 공간을 만들어서 자신을 되돌아볼 수 있는 시간을 가질 필요가 있다. 그런 시간을 갖지 못한다면, 우리의 자아에 대한 인식은 나아질 수가 없다. 그렇게 되면 우리는 다람쥐 쳇바퀴 속에서 나에게 일어나는 일에 대해 습관적으로 반응할 것이다.

― 인생이라는 긴 마라톤에서 열심히 달려가는 것도 중요하지만, 가끔씩 멈춰 서서 자신을 돌아봐야 합니다. 잘못된 길로 가고 있지는 않은지, 자세가 잘못되지는 않았는지, 몸에 어딘가 불편한 곳이 있지는 않은지……

저는 종종 의자에 앉아서 물끄러미 흘러가는 구름과 주변을 둘러보곤 합니다. 분주한 공항이든, 움직이는 열차 속이든, 그 장소가 어디든 간에 의식적으로 마음에 빈 공간을 남긴 채 다양한 생각들이 흘러가도록 내버려둔답니다. 활동을 멈춘 채 주변과 자신의 내면을 가만히 지켜보는 것만으로 충분합니다.

삶이 뭔가 삐걱대는 느낌이 들고 마음에 여유가 없는 듯 느껴질 때는 그냥 지나치지 말고 멈추세요. 그리고 마음속에 공간을 만들어 자신을 돌아보세요. 그렇게 정비할 것은 정비하고, 업데이트할 것은 업데이트한 다음 다시 달리세요.

샐러리맨의 진화

어제 한 경제 주간지에서 이따금 보내는 메일이 한 통 도착했습니다. 자세히 읽지는 않았는데, 이어령 선생님이 샐러리맨에 대해 행한 인터뷰가 메일 내용의 주를 이루고 있었습니다. 그런데 메일의 윗부분에 "샐러리맨은 진화해야 한다"는 글귀가 적혀 있었습니다. 아마도 이 선생님의 말씀 가운데 그런 내용이 등장하는 모양입니다.

'샐러리맨의 진화'.

요즘처럼 불황이 닥치면 기업들은 소리 소문 없이 사람들을 회사에서 내보내지요. 토요일 점심에 만난 국내 굴지의 기업에서 일하는 한 분은 저에게 이런 이야기를 하더군요.

"임원 분들이 참 많이 옷을 벗었습니다. 조용히 나갑니다. 기여가 높았던 분들은 회사에서 임시로 머물 수 있는 곳을 마련해 주기도 했습니다만…… 모시던 분들이 대거 옷을 벗는 것을 보니 나의 미래의 모습이 겹쳐지며 마음이 착잡했습니다."

직장 생활이란 것이 원래 그렇지요. 기업은 신진대사가 활발하게 일어나야 하고, 성과를 내지 못하거나 새로운 환경에 적응하는 데 문제가 생기면 수시로 사람들을 바꿉니다.

봉급을 받는 입장에서도 일해 보고 봉급을 주는 입장에서도 일해 보면서 자본주의라는 것이 참으로 냉정한 일면을 갖고 있다는 생각을 합니다. 어제까지 얼마나 잘했는가는 별로 중요한 일이 아니지요. 결국 기업과 직원의 관계는 계약이고, 서로가 서로에게 만족할 수 없다면 계약을 끝내는 것이 조직의 생리입니다.

'샐러리맨의 진화' 중에서 진화의 궁극적인 목적지는 어디일까, 생각해 봅니다. 스스로 조직을 떠나거나, 떠나라는 통보를 받았을 때 홀로서기가 가능한 수준의 능력을 갖추는 것이 아닐까요.

분야마다 그런 능력을 만들어낼 수 있는 정도는 다르겠지만, '샐러리맨의 진화'의 궁극적 목적지는 어떤 상황에서든 '조직을 떠남과 동시에 홀로서기가 가능한 상태'가 되는 것일 겁니다.

그를 위해서 무엇을 어떻게 해야 하는지, 어떤 마음가짐을 갖고 살아야 하는지, 그리고 어떻게 일을 대해야 하는지는 너무 자명한 일입니다.

조직 생활이란 시한부입니다. 언젠가 모두 떠나야 합니다. 마지막이 무엇인지가 확연하게 알려져 있죠. 조지 버나드 쇼의 말처럼 "우물쭈물 하다가 내 그럴 줄 알았지" 하는 상황은 만들지 말아야 합니다.

착한 척하면 착해지고

만인의 요리사 채성태 님의 말 중에서, 박종인 『행복한 고집쟁이들』 솔직히 처음에는 '착한 척' 하려고 시작했다. 그런데 이걸 하다 보니까 점점 진짜로 착해지는 거다.

―― 서울 이태원에 있는 전복요리집 '해천'의 주인인 채성태 사장의 말씀입니다. 그곳은 맛이 좋기로 유명해서 전국 각지는 물론이고 일본과 홍콩 등지에서도 손님들이 찾아오는 집입니다. 채성태 사장은 '사랑의 밥차' 운동의 원조이기도 하지요.

위의 글귀는 채성태 사장이 넉넉하지 않은 형편이었지만 소외된 사람들을 돕기 위해 나서면서 본인이 얻게 된 것에 대해 이야기한 부분입니다.

생각이 행동을 만들지만, 행동이 생각을 만들고 사람을 바꾸기도 합니다. 착한 척이라도 자꾸 하다 보면 착해집니다. 품격 있는 인물인 척이라도 하다 보면 품격 있는 사람으로 변화해 갈 수 있습니다. 행동은 습관과 태도를 만들기 때문입니다.

행동이 생각을 만들고
사람을 바꾸기도 한다.

4장

두려움을 이겨내기 위하여
날개를 펴다

이 또한 지나가리라

루트비히 반 베토벤 고난의 시기에 동요하지 않는 것, 이것은 진정으로 탁월한 인물의 증거다.

━━ 제가 좋아하는 말 중에 "이 또한 지나가리라"라는 말이 있습니다. 삶의 진리를 짤막한 문장에 담고 있는 말이죠. 삶이 기대했던 대로 되지 않아서 짜증 나고 속상할 때가 있습니다. 세상이 나에게 등을 돌린 듯한 기분이 들지요. 하지만 그럴 때 자신을 탓하지도, 남을 탓하지도, 세상에 분노하지도 마세요. 평상심을 유지하도록 노력하세요. 그 또한 지나갈 것이고, 훗날 돌아보면 그런 시절이 도움이 되었다는 사실을 알게 될 테니까요. 승승장구하는 인생도 좋지만, 이따금 휘청거리기도 하면서 살아가는 게 자연스럽지요. 그럴 때도 동요하지 말고 평정심을 유지하면 머지않아 다시 웃을 날이 올 것입니다.

실패가 없었다면

롭 스턴스 『승리의 법칙』 **다행스럽게도 모든 패배는 단발적인 사건이다. 물론 패배의 여파를 평생 동안 겪을 수도 있지만, 패배 자체는 일어나자마자 끝난다. 패배의 일시성을 인식하라.**

━━ 모두가 살아가면서 크든 작든 패배를 경험합니다. 한 번 패배했다고 해서 인생이 끝나는 것은 아닙니다. 그 여파에 압도되어 자신감을 잃고 삶의 의미를 부정해서는 안 됩니다. 훌훌 털어버리고 일어서면 그만입니다. 당장은 우리를 의기소침하게 만들겠지만, 패배는 오히려 훗날 선물을 가져다줄 것입니다. 패배해 보았기 때문에 우리는 성숙할 수 있고, 더 큰 어려움을 피할 수 있으며, 삶에 대해 좀 더 겸손해질 수 있으니까요.

패배가 지닌 의미와 가치는 초단기적인 시각을 갖느냐, 중장기적인 시각을 갖느냐에 따라 크게 달라집니다. 이따금 저는 저에게 시험 실패, 구직 실패, 전직 실패 등과 같은 일련의 사건들이 없었다면 지금과 같은 자유로운 삶은 존재했을까, 하는 생각을 해봅니다.

진정 현명한 사람이란

웨인 다이어 『행복한 이기주의자』 당신이 진정 똑똑한 사람인지 아닌지는 힘겨운 상황에 부닥쳤을 때 기분을 어떻게 다스리기로 작정했느냐에 따라 가늠할 수 있다.

━━ 즐겁고 일이 잘되어가는 상황에서는 기분을 다스리기가 어렵지 않습니다. 아니, 굳이 다스릴 필요도 없지요. 어려운 상황에서 기분을 어떻게 다스리느냐를 보면 그 사람의 그릇을 알 수 있습니다.

힘겨운 상황에 놓이지 않는 사람은 없습니다. 그 상황을 어떻게 받아들일지는 각자에게 달려 있습니다. 최악의 곤경이라고 다들 수군대는 역경 속에서도 그것을 충분히 해낼 수 있는 도전 과제로, 의미 있는 시간으로 받아들일 수 있습니다. 그런 삶의 자세를 지닌 사람을 진정한 의미의 똑똑한 사람, 현명한 사람이라고 할 수 있을 것입니다.

해답은 내 안에 있다

호리바 마사오 『남의 말을 듣지 마라』 어떤 문제가 발생했을 때 남의 말에서 대답을 찾아서는 안 된다. **대답은 모두 자기 자신 안에 있기 때문이다.**

― "대답은 모두 자기 자신 안에 있다"는 말. 그저 멋있게 들리기 위한 말이 아닙니다. 모든 인생의 주인공은 자기 자신이기 때문에 그 인생에서 만나는 문제들의 해답도 자기 자신 안에 있다는 말은 진리입니다.

독불장군이 되라는 얘기가 아닙니다. 다른 사람들의 의견에 귀를 기울이고 배울 것은 배우는 일은 중요합니다. 하지만 결국 판단을 내리는 것은 자신이고 그에 따라 행동했을 때 책임을 져야 하는 것도 자신입니다.

기억하세요. 당신 삶의 주인은 당신이고, 모든 문제와 모든 해답은 당신 안에 있습니다.

모든 문제와 해답은
삶의 주인,
즉 내 안에 있다.

실직을
당했을 때

　신문에 미국에서 실직한 남자들의 이야기가 실렸더군요. 남자들은 실직을 해도 집안일을 돕는 데는 무척 인색하다는 내용이었습니다. 그 기사에 따르면, 일에서 정체성을 찾아온 많은 남자들은 해고와 더불어 남성호르몬인 테스토스테론의 상당 부분을 잃어버리게 된다고 합니다. 동시에 집안일도 등한시하고, 실직의 울화를 아내에게 쏟아붓는 경우가 많다고 합니다. 물론 성욕도 줄어드는 것은 당연한 일이지요.

　평생을 살면서 실직을 당하는 일이 없다면 좋겠지만, 누구든 그런 경험을 할 가능성이 높습니다. 설령 젊은 날에 경험하지 않더라도 50대 중반이나 60을 기점으로 은퇴하는 것 또한 실직에 해당하지요.

　실직을 당하면 우선 현직과 전직 사이에는 엄청난 간격이 있다는 사실을 깨우치게 됩니다. 자존심도 상하게 되고 대부분 경제적인 문제로 마음고생을 하게 되지요.

　이때 스스로 마음을 잘 관리하지 못하면 몸도 마음도 크게 상하고 자칫 잘못하면 가족들에게도 큰 영향을 미치게 됩니다. 가장이 흔들리면 가족 전체가 흔들리지요. 그래서 우선 '방화벽'을 설치해야 합니다. 자신의 우울함이 가족들에게 퍼져나가지 않도록 하는 것이지요.

  가장 좋은 방법은 실직 상태에서도 가능한 한 규칙적으로 생활하기 위해 최선을 다하는 것입니다. 그리고 가능한 한 긍정적이고 낙관적으로 생각하도록 노력하는 것이지요. 그런 상황을 즐기는 건 어려울지 몰라도, 어려운 시기를 가능한 한 즐겁게 보낸다는 생각을 가질 필요가 있습니다. 조금 시야를 넓혀서 다른 기회의 문을 여는 계기로 만들 수도 있겠지요.

  무엇보다 중요한 것은 건강 상태를 최상으로 유지하는 일입니다. 운동을 규칙적으로 하면서 몸과 마음을 모두 관리해야 합니다. 텔레비전 시청은 가능한 한 줄이고 활자매체를 통해서 탈출구를 찾도록 해야 합니다. 텔레비전은 사람을 상당히 수동적으로 만들거든요.

  그리고 자녀들과의 관계, 집안일 돕기, 쇼핑, 설거지 등 좀처럼 눈길을 주지 않았던 일들을 착실하게 해보는 것입니다. 아마도 새로운 경험을 많이 할 수 있을 것이고, 그 과정에서 재기에 대한 의욕을 만들 수 있을 것입니다.

  좌절을 극복하는 과정에서 한 인간의 됨됨이와 진짜 '힘'이 드러납니다.

  저는 실직 상태를 경험하면서 세상에 대한 겸손함을, 초심을 잃지 않는 마음가짐을, 어려움을 극복해 내는 과정에서 자긍심을, 그리고 불우한 처지에 놓인 사람에 대한 애정을 갖게 되었습니다.

  살다 보면 이런 일, 저런 일이 생기게 마련입니다. 힘한 시간이 오지 않아야 하겠지만 온다면 제대로 헤쳐가야 할 것입니다.

어리석은 자 때문에 괴로워하지 마라

발타자르 그라시안 어리석은 자 때문에 괴로움을 겪지 마라. 바보를 알아보지 못하는 사람은 스스로가 바보이다. 바보인 줄 알면서 멀리하지 못한다면 더욱더 바보이다.

―〈사람이 꽃보다 아름다워〉라는 노래가 있듯 우리 인간에게 가장 중요한 존재는 다름 아닌 다른 사람들입니다. 그러나 동시에 우리를 가장 힘들게 하는 것도 사람이지요.

세월이 가면서 인간관계를 단출하게 유지하는 것이 좋다는 생각이 듭니다. 관계의 망이 넓어지면 그만큼 불필요하게 에너지를 낭비하는 상황들이 발생하니까요.

소중한 사람들에게는 최선을 다해 대하세요. 그 관계를 유지하고 발전시키는 데 에너지를 사용하세요. 하지만 그럴 가치가 없는 사람들은 멀리하세요. 주변에 무조건 사람이 많은 게 자랑거리는 아니니까요.

운명에서 벗어나려는 몸부림

E. M. 포스터 성공과 실패는 운명에 따라 정해지는 것처럼 보인다. 그러나 **인간에게는 안간힘을 쓰며 운명에서 벗어날 수 있는 능력이 있다.** 세상에서 가장 흥미로운 것은 바로 그 몸부림이다.

━━ 사람이라면 누구나 운명의 거친 격랑에 휩쓸릴 때가 있을 것입니다. 그럴 때는 자신의 의지와 무관하게 그 운명에 끌려간다고 느끼게 되지요. 성공도, 실패도 운명에 정해져 있다고요.

그렇지 않습니다. 모든 것이 운명으로 정해져 있다고 생각하면 우리는 수동적이고 실패로 이어지는 삶을 살 수밖에 없을 것입니다.

어떤 부모를 만났건, 어떤 사회에서 태어났건, 어떤 상황에 처해 있건, 나라는 인간이 그 삶의 중심에 우뚝 설 수 있다는 점이 우리 삶의 위대한 점입니다.

* E. M. 포스터(Edward Morgan Foster, 1879~1970) : 영국의 소설가. 대표작은 『하워즈 엔드』, 『인도로 가는 길』.

불안 또한
내 삶의
일부임을

　새벽 일찍 일어나서 작업을 하는 중입니다. 저는 새벽에 작업을 할 때면 이따금 향을 피웁니다. 향이 타 들어가는 것을 보노라면 우리네 삶과 똑같다는 생각이 들기도 합니다.
　어젯밤에는 잠자리에 드는데 문득 '불안감'이라는 단어가 떠오르더군요. 사람은 가끔이라도, 조금씩이라도 불안감을 느끼며 살아갈 수밖에 없습니다. 인생은 불확실성으로 가득 차 있으니까요.
　새로 시작하는 프로젝트가 과연 성공할 수 있을지, 내일 만나는 고객을 잘 설득할 수 있을지, 어떤 사람을 만나 결혼을 하게 될지, 돌아오는 주말의 날씨는 어떨지……
　우리의 미래에 어느 것 하나 확실한 것은 없습니다. 때문에 우리는 저마다 불안감이란 감정 상태를 자신의 한 부분으로 안고 살아갈 수밖에 없습니다.
　그뿐이 아니지요. 일을 하다 보면 배우가 되어 무대에서 연기하는 것과 같은 상황도 생깁니다. 고객이라는 관중이 지켜보는 가운데 저마다의 무대에서 열연을 하는 것이죠.
　그러나 자신의 바람과 달리 관중의 외면을 받는 경우가 생깁니다. 그러면 무대의 뒷자리로 물러나게 되지요.

오래전에 읽었던 알랭 드 보통의 책에는 무대의 중심에서 밀려날 수 있다는 사실 때문에 인간이 늘 불안감과 함께 살아간다는 내용이 등장했습니다.

무언가를 이루어야 하는 책임감을 지닌 사람에게는 항상 불안감이 함께합니다. 불안감이 가까이 다가왔을 때 이를 잘 다루는 능력 또한 우리가 갖춰야 할 중요한 능력 가운데 하나입니다. 마음을 차분히 하고 불안감의 실체를 정면으로 응시하는 것도 좋은 방법입니다.

이런 불안감은 어디로부터 오는 것일까, 하고 자신에게 질문을 던져보세요. 그리고 '불안감은 어찌할 수 없는 삶의 한 부분이다'라고 받아들이면 되겠지요. 불안감을 헤치면서 나아가는 것이 우리들의 삶이라고 생각하면 위안이 될 수 있을 것입니다. 나만이 그런 증세를 경험하는 것이 아니라 정도의 차이는 있지만 모든 이들이 비슷한 경험을 한다는 사실도 도움이 될 것입니다.

인생이라는 전시장에서

조 비테일 『자기긍정의 힘』 **인생은 무질서한 전시장이 아니다.** 우리가 경험하는 모든 것에는 그 계획 안에 존재하는 각자의 위치와, 위치에 적응하며 더 나은 삶을 위해 발휘할 우리의 능력을 깨우기 위한 열쇠, 그리고 그 자리를 찾아가기 위한 길이 있다.

― 우리가 살아가면서 만나는 모든 일들이 우연한 것으로 느껴지시나요? 우리의 의지와는 무관한 것으로요?

살다 보면, '아…… 그래서 그때 그런 일이 있었던 거구나' 하는 생각이 들 때가 있습니다. 사실 굉장히 사소하게 여겼던 일이 인생의 방향을 크게 바꾸는 일도 있지요.

우리가 살면서 경험하는 모든 것, 만나는 모든 사람들이 우리의 삶에는 의미가 있습니다. 물론 인생에서 경험하는 것에서 의미를 발견하고 배움을 얻을 수 있는 사람에게만 그렇지요. 무질서한 전시장 같은 인생에서 길을 잃고 헤맬지, 아니면 전시를 120퍼센트 즐기고 활용할지는 우리 자신에게 달려 있습니다.

속도를 늦추고 가만히 들여다보라

존 러복 휴식을 취하는 일은 게으름을 뜻하지 않는다. 여름날 풀밭에 누워서 흐르는 물소리를 듣거나 하늘에 떠다니는 구름을 바라보는 일은 결코 시간 낭비가 아니다.

━━ 열심히 치열하게 살아야 한다고 해서 한순간도 쉬지 말아야 한다는 뜻은 아닙니다. 우리의 몸도 마음도 휴식이 필요합니다.

저는 주로 앉아서 읽고 쓰는 일을 하기 때문에 제가 활용하는 휴식법은 몸을 움직이는 것입니다. 평소보다 더 긴 시간 동안 운동을 하되 충분히 몸을 이완시키는 운동으로 휴식을 취하곤 하지요.

이따금 삶의 속도를 늦추고 몸과 마음을 이완시키고 그동안 쌓였던 독소를 내보내세요. 그리고 분주한 일상에서 놓치기 쉬운 주변의 것들에 관심을 가져보시기 바랍니다. 그런 시간이 다시 우리를 열심히 살아갈 수 있게 합니다.

* 존 러복(John Lubbock,1834~1913) : 영국의 은행가이자 인류학자.

우리의 오늘은
어제 누군가가
그토록 염원하던
내일이다.

불평하는 에너지를 문제 해결에 써라

랜디 포시 너무나 많은 사람들이 자신들의 문제를 놓고 불평을 하며 인생을 허비한다. 불평하는 데 쏟는 에너지의 10분의 1만 문제 해결에 쏟아도 얼마나 일이 수월하게 풀리는지 스스로도 놀라게 될 것이다.

━ 암으로 시한부 삶을 선고받았던 카네기멜론대학교 랜디 포시 교수가 남긴 말입니다. 포시 교수는 자신의 마지막 강의에서 학생과 동료 교수들에게 장애물을 헤쳐나가는 방법, 인생의 모든 순간을 값지게 사는 방법 등에 대해 이야기합니다. 위의 구절도 그 가운데 하나죠.

자신의 죽음을 실체를 가진 현실로 앞에 둔 사람이 전해주는 말이니만큼 한층 와 닿지 않나요?

불평할 시간에 문제를 해결하려 노력해야 합니다. 그리고 주어진 매순간을 감사하며 살아야 합니다. 우리의 오늘은 어제 숨을 거둔 누군가가 그토록 염원하던 내일이니까요.

위기에 몰입하라

밀턴 프리드먼 오직 위기만이 진짜 변화를 만들어낸다. 위기가 발생하면 과거에 정치적으로 불가능했던 일들이 불가피해진다.

━━ 프리드먼 교수의 이야기는 인생에 대한 것이라기보다는 한 사회에 대한 메시지일 겁니다. 그럼에도 불구하고 이 메시지는 인생에도 그대로 적용될 수 있습니다.

인생에서 만나는 위기가 반가울 리는 없겠죠. 하지만 위기가 지닌 좋은 점도 있습니다. 위기를 통해 우리는 변화할 수 있으니까요. 미리 위기를 겪지 않도록 할 수 있다면 좋겠지만, 가끔은 위기를 맞닥뜨리지 않을 수 없는 게 인생입니다. 위기를 만났을 때 어떻게 대처하느냐에 따라 그 뒤의 인생은 달라집니다.

평온하게 보이는 저의 삶에도 크고 작은 위기는 바닷가의 파도처럼 밀려옵니다. 저는 그런 파도에 담대하게 맞서려고 노력하면서 동시에 제 삶의 한 부분으로 받아들입니다. 위기의 순간을 기회의 순간으로 반전시킬 수 있는 방법을 찾기 위해 더 몰입하죠. 그렇게 해서 평온해 보이는 삶을 갖게 된 것일지도 모르겠습니다.

할 수 있는 한 최선을 다해

브라이언 트레이시 당신이 할 수 있는 모든 것을 최고로 하라. **평균적인 성과에 대해서는 어떤 상도 주어지지 않는다.**

━ 남들 하는 만큼만, 월급 받는 만큼만 일하려는 사람의 인생은 평생 그 정도 수준에서 벗어나지 못합니다.

단지 보상을 받기 위해서가 아니라, 자신의 잠재력을 확인하고 성취감과 만족감을 느끼기 위해서 자기 일에 최선을 다해야 합니다. 그것이 자신에게 주어진 일과 자신의 삶에 대한 예의를 지키는 일이기도 하고요. 그렇게 하다 보면 남들로부터의 인정과 보상도 자연히 따라올 것입니다.

2등은 누구도 기억해 주지 않습니다. 그게 세상살이의 이치입니다.

누구나
업다운을
겪는다

"어떻게 그렇게 줄기차게 앞을 향해 달릴 수 있지요?"

"매일 어떻게 그렇게 부지런히 글을 올리고, 어떻게 그 많은 강연을 행하고, 책을 써낼 수 있지요?"

며칠 전에 한 분과 대화를 나누던 중에 그분이 제게 던진 질문입니다.

누구에게나 살아가다 보면 '업'의 시기가 있고 '다운'의 시기가 있습니다. 저도 마찬가지지요. 다만 '다운'을 좀처럼 드러내지 않으려 노력할 뿐입니다.

오바마 미 대통령은 자서전에서 고교 시절에 자신이 농구를 하면서 배운 사실 가운데 하나를 "누구든 내가 보이고 싶어 하지 않는 감정, 예를 들면 마음의 상처나 두려움 따위를 나 몰래 훔쳐보도록 내버려둬서는 안 된다는 사실 등이 그때 내가 배운 것이다"라고 고백합니다.

누구나 기분이 좋지 않은 상태가 오래갈 수 있지요.

누구나 자신의 능력의 한계를 심각하게 느낄 때가 있지요.

누구나 자신이 무대의 중심에서 밀려나고 있음을 느낄 때가 있지요.

누구나 자신의 앞날이 캄캄하게 보일 때가 있지요.

한마디로 사람은 기계가 아니기 때문입니다. '업'과 '다운'이 마치 옷감처럼 짜이는 것이 우리들의 삶이지요.

저는 '다운' 상태가 오래갈 때 저 나름의 해결방법을 갖고 있습니다. 물론 늘 성공하는 것은 아니지만 성공 확률이 아주 높은 방법이지요.

그것은 생활 속도를 아주 천천히 늦추려고 노력하는 것입니다. 걸음걸이도, 생활도, 글 읽기도, 글쓰기도, 천천히 순간순간에 집중하듯이 속도를 늦추고 천천히 합니다.

음식을 천천히 씹어서 삼키듯이 삶의 모든 부분을 그렇게 천천히 해봅니다. 그리고 마치 내일은 없는 것처럼, 다음은 없는 것처럼 순간순간에 충실하기 위해 최대한 노력합니다.

그리고 재미있게 의미 있게 무슨 일이든 하려고 노력합니다. 아주 사소한 일조차도 대단히 중요한 일인 것처럼 성실에 성실을 더해보는 것이지요.

'다운' 상황이 지속되면 바깥에서 해결책을 찾기보다는 속도를 늦추면서 자신에게서 돌파구를 찾아보는 것입니다. 대개 '러시, 러시, 또 러시'를 하다 보면 '다운'이 오게 되거든요.

사람은 기계처럼 살아갈 수 없습니다. 완전할 수 없음을, 늘 열심히 살 수는 없음을 인정하는 것 또한 중요한 삶의 지혜겠지요.

열등감이 없는 사람은 없다

양창순 『마인드 포스』 열등감을 한 마디로 정의하면 '남들에게 보여주고 싶지 않은 나만의 비밀'이라고 할 수 있다. 그림자 없는 사람이 없듯이, 자기만의 비밀이 없는 사람은 없다. 실수도, 자책도 하지 않고 후회 없는 삶을 사는 사람도 없다. 그런데도 우리는 너 나 할 것 없이 실수를 숨기고 비밀을 만들어가느라 전전긍긍한다. …… 인생이라는 게임에서 이기기 위해서라도 불필요한 열등감에서 자유로워야 한다.

"실수도, 자책도 하지 않고 후회 없는 삶을 사는 사람도 없다"는 말을 명심하세요. 실수도 할 수 있고 실패도 할 수 있습니다. 열등감이 없는 사람도 없지요. 열등감을 감추려고 전전긍긍하다 보면 오히려 자신이 가진 것을 제대로 발휘할 수 없게 됩니다. 그 내용만 다를 뿐, 모든 사람이 열등감을 지니고 있습니다. 열등감에 초점을 맞추지 말고 자신이 가진 장점과 자신의 힘에 초점을 맞추고 당당하게 살아가세요. 그러면 열등감의 불씨는 점점 작아지다가 사그라지고 말 것입니다. 어쩌면 삶의 모든 과정은 열등감을 극복해서 온전한 자신을 찾아가는 여행길에 비유할 수도 있을 것입니다.

실패는 추락이 아니다

메리 픽포드 만일 여러분이 실수를 한다면, 그 실수가 설령 심각한 것이라 할지라도 당신을 위한 또 다른 기회가 늘 있습니다. 우리가 실패라고 부르는 것은 추락하는 것이 아니라 잠시 주춤하는 것이지요.

― 메리 픽포드(1892~1979)는 영화 역사 초기 은막의 대스타였던 캐나다 출신 여배우로, 아카데미 영화상을 주관하는 영화 예술 과학 아카데미(AMPAS)의 공동 설립자이자 거대 영화제작사 유나이티드 아티스트(United Artists)의 설립자이기도 한 사람입니다.

살아가면서 실수나 실패를 하지 않을 수는 없지요. 다만 그 실수나 실패를 어떻게 대하는가, 그리고 그 실수와 실패로부터 무엇을 배울 수 있는가, 또한 그런 배움을 후일의 성공과 재기를 위한 원재료로 삼을 수 있는가, 하는 점이 중요합니다. 실수나 실패에 지나치게 연연하면 도전할 수 있는 것은 아무것도 남지 않게 됩니다.

삶은 알아야 하고
깨우쳐야 할 일들로
가득하다.

Letter

기분이
가라앉을 때

 기분이란 참으로 묘한 것이지요. 왔다 갔다 하기도 하고 올라갔다 내려갔다 하기도 합니다. 이런 저런 이유들이 얽히고설켜서 가라앉는 기분이 들 때도 있고, 까닭 없이 우울한 기분이 몰려올 때도 있습니다. 기분이 바닥으로 가라앉는 경우 여러분은 어떻게 그런 바닥으로부터 탈출해 올라오는지 궁금합니다.

 젊었을 때는 그런 상황이 오면 '나는 왜 그럴까?' 하고 고민했습니다. 하지만 세월이 가면서 밝음과 어두움, 흐림과 맑음을 모두 삶의 한 부분으로 받아들이게 되었습니다. 젊은 날에도 매사를 흐르는 물처럼 담담히 받아들였다면 고민도 한층 줄어들지 않았을까 생각합니다.

 어두움도 살아가는 데 불가피한 부분이지요. 저는 그런 순간이 오면 저만의 세계로 깊이 들어갑니다. 조용한 방에서 독서등만 켜고 긴 의자에 누워 묵직한 역사책을 집중적으로 읽어나가기 시작합니다.

 왜 포르투갈은 그렇게 급속히 국력이 쇠퇴할 수밖에 없었나? 스페인은 그 많은 금은보화를 아메리카 대륙에서 가져왔음에도 불구하고 어떻게 몰락하게 되었는가? 인도의 무굴제국은 어떻게 영국의 동인도회사에 유린당하고 말았는가?

역사에 대한 이런 관심은 그 자체로 머물지 않고 최근의 시사문제나 개인적 관심거리로 이어집니다.

그렇게 기분 전환으로 시작한 독서는 어느 틈엔가 진지한 독서로 바뀝니다. 서서히 기분도 고양되면서 머리와 가슴은 어느새 뜨거운 기분을 느낄 수 있을 정도로 데워집니다. 이렇게 몰입의 시간을 가지면 다시 시작할 수 있는 모멘텀을 찾을 수 있습니다.

어제 일반인 자기경영 프로그램에서 한 분이 저에게 이런 질문을 해 왔습니다. 여덟 시간씩 다른 사람들을 대상으로 강연하는 것은 끊임없이 무언가를 풀어놓는 일인데 그러면 가슴이 허전해지지 않느냐고요. 그래서 이렇게 답했습니다.

"사람은 본능적으로 나가고 들어오는 것 사이에 균형감을 유지하려는 본능을 갖고 있습니다. 이렇게 많은 것을 풀어놓고 나면 스스로 자기 세계로 들어가서 다시 채우는 시간을 갖습니다. 그런 과정이 반복되면서 내보내는 것과 채우는 것 사이에 적절한 균형감을 유지해 갑니다."

새로운 것을 익히고 궁금함을 가졌던 문제들에 대해 답을 확인해 가는 과정은 멋진 일입니다. 삶은 알아야 하고 깨우쳐야 할 일들로 가득 차 있습니다. 그래서 저는 이 나이에도 흥미롭게 삶을 대하고 있습니다.

내 안의 불꽃을 다시 불태우려면

알버트 슈바이처 자기 안의 불꽃이 꺼졌을 때, 종종 다른 누군가의 불씨로 다시 살아나는 것을 경험한다.

━━ 아프리카의 오지에서 의료봉사 활동을 펼쳤던 슈바이처 박사처럼 의지가 굳은 사람도 자기 안의 불꽃이 꺼졌다고 느끼는 상황이 있었나 봅니다. 하긴, 인간은 누구나 가끔씩 의욕이 뚝 떨어지는 상태를 경험합니다.

열정적인 사업가 도널드 트럼프는 '최고의 성취가란 스스로 동기를 부여하고 항상 새로운 것을 추구하며 다음에 할 일을 찾는 사람이다. 이런 사람이 되기 위해 노력하라'고 권합니다. 어떻게 하면 될까요? 열정적인 에너지를 가진 사람들을 많이 만나세요. 그렇게 가슴속에 불꽃을 가진 사람들의 열정을 에너지로 삼아 여러분 가슴의 불씨를 되살리세요.

역경을 온몸으로 안아라

마사 베크 「길을 헤매다 만난 나의 북극성」 오빠는 내게 '세상을 살다 보면 높다란 다이빙대에서 뒤로 뛰기 다이빙을 할 때와 같은 순간이 있다'고 말해 주었다. …… 몸을 곧게 편 채 원래의 자세를 그대로 유지한다면, 중력의 힘으로 아무 고통 없이 완벽하게 입수할 수 있다고 한다.

━ 마사 베크는 1962년생으로 몇 권의 베스트셀러를 갖고 있는 작가입니다. 유년기에는 가정 문제와 신앙 문제로, 그리고 현재는 다운증후군을 앓는 아이를 키우는 어머니로서 개인사가 평탄함과는 거리가 멀지요. 때문에 역경에 관한 그녀의 이야기는 더 호소력이 있습니다.

살다 보면 '이제 나는 다 잃어버렸구나……', '모든 게 끝났구나……' 하는 낙담이 온몸을 휘감고 눈앞이 캄캄해질 때가 있습니다. 그렇더라도 너무 겁을 먹거나 좌절하거나 포기해서는 안 됩니다. 마사 베크의 오빠가 동생에게 들려준 인생의 지혜를 마음에 새기고 역경을 피하거나 외면하지 말고 온몸으로 안아보세요. 그 역경을 이겨낼 힘이 우리에게 있다는 사실을 깨달을 것입니다.

Letter

"이봐,
난 죽지 않았어……"

 더위 탓인지 새벽에 한 시간 일찍 잠에서 깼습니다. 몇 시나 되었나 확인하기 위해 휴대전화를 확인하는데, 문득 머리 한 곁으로 '이봐, 난 죽지 않았어'라는 말이 스쳐 지나가더군요.

 '이봐, 난 아직 죽지 않았어. 난 이렇게 살아 있어.' 심하게 넘어져 본 경험을 가진 사람의 정신세계에는 이런 '결연함'이 들어 있죠. 이런 마음자세는 살아가는 데 큰 도움이 됩니다. 그게 바로 에너지니까요.

 그렇다고 일부러 넘어질 필요는 없습니다. 하지만 넘어졌다고 해서 세상이 끝났다고 한탄할 필요는 없습니다. 자신이 하기에 따라 얼마든지 선용할 수 있는 것이 넘어지는 일이니까요. 그런 마음자세가 없다면 어떤 외부의 도움이 주어지더라도 사람이 다시 일어설 수 있을까 하는 생각이 듭니다.

 세상에는 자신이 통제할 수 없는 일들이 참으로 많습니다. 좋은 부모를 만나는 일, 뛰어난 머리를 갖고 태어나는 일, 좋은 기회를 잡는 일 등 살면 살수록 스스로 통제할 수 없는 일들을 많이 만나게 되죠. 그러나 그 모든 상황이나 조건들 앞에서 우리는 '결연함'을 잃지 말아야 합니다.

얼마 전, 어떤 분이 저에게 이런 트윗을 남기셨더군요.

"게으름에서 벗어나는 방법과 계획을 실천으로 옮기는 방법 한 가지씩만 가르쳐주세요."

초년에 참담한 경험을 해보면 그런 방법을 확실히 배울 수 있지요. 일자리를 잃어버리는 경험과 같은 것 말입니다. 그렇다고 일부러 권할 일은 아니지만요.

신문에 현대자동차 울산공장 의장부 직원인 임채용 씨의 에세이 "IMF 1년은 내게 인생을 가르쳐주었다"라는 글이 실려 있었습니다. 1998년 여름 회사로부터 무급휴직 대상자로 선정되어 1년간 과일 장사, 야채 장사를 하다가 다시 회사에 복귀한 이야기였습니다. 눈물 젖은 빵을 먹어본 사람은 정말 동감할 수 있는 이야기였죠.

과일장사로 하루에 6~7만 원을 손에 넣기 위해 시장판에서 아귀다툼을 벌이면서 임채용 씨는 "하루 5만 원, 6만 원을 번다는 게 이렇게 힘든 일인 줄 몰랐다. 여태껏 내가 다닌 회사란 얼마나 편안했던 것인가. 산다는 게 이렇게 전쟁인데……"라는 글이 등장합니다.

임채용 씨는 크게 깨달음을 얻었고 복직 이후에도 계속 공부해서 기능장 네 개 등 모두 열세 개의 자격증을 따 회사에서 최고의 기능인으로 인정받게 되었다고 합니다.

저는 인생에서 한 번 정도는 일터를 떠나 혼자 힘으로 벌어먹고 사는 경험을 해볼 필요가 있다고 생각합니다. 그런 경험은 인간에게 절실함과 감사함을 가져다줄 수 있으니까요.

5장

목표를 이루기 위하여
꿈으로 몰입하다

'꿈의 책'을 만들어라

로빈 샤르마 『나를 발견한 하룻밤 인생수업』 '꿈의 책'을 욕망하는 것들의 사진으로 도배하는 것도 굉장히 효과가 있더군. 자네가 갖고 싶은 능력과 재능, 자질을 개발한 사람들의 사진도 붙이는 거야. …… 그리고 매일 단 몇 분이라도 그 노트를 들여다보는 거야. 노트를 친구로 삼게. 깜짝 놀랄 결과를 얻게 될 테니까.

― 자신이 추구하는 삶의 목표나 지향점을 시각화하는 것은 멋진 삶을 만들어가는 데 아주 유용한 방법이지요. 살을 빼서 날씬해지고 싶은 사람이라면 날씬한 사람의 사진이나 그림을 눈에 잘 띄는 데 붙여두고 수시로 쳐다봅니다. 언젠가 꼭 알래스카를 여행하고 싶은 사람이라면 알래스카의 풍광을 담은 사진을 책상 앞에 붙여두고, 해외 봉사활동을 하고 싶은 사람이라면 봉사활동 현장 사진을 붙여놓습니다.

실제로 이런 기법을 체계적으로 활용하는 회사를 본 적도 있습니다. 회사와 구성원들이 목적지에 도달한 모습을 근사하게 묘사한 이미지를 사내 곳곳에 붙여두었더군요. 자신들이 가고자 하는 목적지를 생생하게 그려보는 일은 개인이나 조직 모두에게 비용이 거의 들지 않지만 대단히 효과적인 목표 달성 방법입니다.

자신감, 나를 믿는 것

월트 디즈니 꿈을 실현시키는 비결을 알고 있는 사람에게 넘을 수 없는 장벽이 있다고는 생각하지 않는다. 그 비결은 네 단어('C'로 시작하는)로 요약된다. 호기심(Curiosity), 자신감(Confidence), 용기(Courage), 그리고 불변성(Constancy)이다. 그중에서도 가장 중요한 것은 자신감, 즉 자기 자신을 믿는 것이다.

― 온 세상 어린이들에게 즐거움을 주고, 호기심을 자극하고, 꿈을 심어주고 있는 월트 디즈니가 한 말이군요. 그만큼 믿을 만한 말이 아닐까요.
이 세상에 대해 호기심을 갖고, '나는 할 수 있다'는 자신감과 용기를 갖고 변함없이 꾸준히 노력할 때 꿈은 이루어질 수 있다는 얘기입니다.
하루하루 살아가는 데 급급하다 보니 꿈을 잃어버리고 말았나요? 그렇다면 지금 한번 돌아보세요. 내게 꿈이라고 부를 만한 게 있는가.
대단한 꿈일 필요는 없습니다. 지금이라도 늦지 않았습니다. 자신감과 용기를 갖고 그 꿈을 잡기 위해 출발해 보세요.

고수 vs 하수

이외수 『아불류 시불류』 고수는 머릿속이 한 가지 생각으로 가득 차 있고 하수는 머릿속이 만 가지 생각으로 가득 차 있다.

━━ 고수는 늘 한 가지 생각을 중심으로 살아갑니다. 늘 그것이 머리의 중심에 있지요. 그래서 꿈을 이루는 사람들 중에는 '한 우물을 팠다'는 사람들이 많습니다.

반면에 하수는 생각이 참으로 많습니다. 이렇게 하면 어떨까? 저렇게 하면 어떨까? 늘 이리저리 휩쓸리면서 무엇 하나 제대로 해내는 것 없이 살아가지요. 그러다가 좋은 시절 다 가버립니다.

여러분은 고수가 되시겠습니까, 하수가 되시겠습니까?

실행이 없으면 아무것도 이룰 수 없다

시어도어 루스벨트 나는 꿈이 없고 비전이 없는 사람은 쓸모없다고 생각해 왔지만, 자신의 **꿈과 비전**을 조금이라도 실현하기 위해 자기 행동을 바꾸는 실제적인 노력이 없다면 그 역시 쓸모없는 사람이다.

━━ 꿈과 비전을 갖는 것은 대단히 중요합니다. 거기서부터 모든 게 시작되니까요. 그러나 꿈과 비전을 갖는 것이 전부는 아닙니다. 그것을 실현하기 위해 구체적인 행동을 통해서 자신을 바꿔가는 노력이 없이는 아무것도 이룰 수 없습니다.

생각만 많은 사람들이 있습니다. 하고 싶은 일도 많고, 가고 싶은 곳도 많고, 보고 싶은 것도 많지요. 하지만 그렇게 생각만 하고 정작 행동은, 노력은 하지 않습니다. 이런저런 핑계를 대면서요.

여러분이 혹시 지금 그런 사람은 아닌가요?

Letter

자극의 중요성

  살아가면서 놀라울 정도의 지능이나 재능을 가진 사람들을 만나는 경우가 있습니다. 그러나 재능이든 머리든 그것이 '가능성의 영역'이 아니라 가능성이 발현된 '현실의 영역'으로 발전할 수 있는가는 전혀 다른 문제가 아닐까 합니다. 무엇이 되어야 하는지에 대해 주변에서 보고 듣는 것이 있어야 하고, 스스로 생각할 수 있어야 하고, 꿈을 꿀 수 있어야 하고, 행할 수 있어야 합니다.

  굳이 우선순위를 들자면 주변에서 보고 듣고 느낄 수 있는 것이 가장 중요할 것입니다. '자극'이 주어져야 하는 것이죠. 주변에서 보고 듣고 느끼는 것이 없다면 아무래도 생각하고 꿈꿀 수 있는 것도 작아질 수밖에 없겠지요. 그렇게 되면 재능이나 머리를 제대로 사용해서 무언가를 만들어내거나 달성하는 일은 더더욱 어려울 것입니다.

  저는 40대에 막 들어서는 시점에 잘 나가던 인생의 길을 버리고 완전히 새로운, 게다가 위험하기 짝이 없는 길로 들어섰습니다. 당시에 '내가 살아온 삶이 전부는 아니구나' 하는 강한 자극을 받을 수 있는 기회가 없었다면 지금쯤 저는 전혀 다른 인생을 살고 있을 겁니다.

미국 여행 중에 애리조나 주의 피닉스에서 만났던 한 젊은이는 이렇게 이야기하더군요.

"저는 피닉스에서 태어나서 이곳에서 자라고 학교를 다니고 이곳에 직장을 잡았습니다. 한 번도 애리조나 주를 벗어난 적이 없습니다."

반드시 물리적으로 자신이 사는 곳을 떠나서 다른 곳을 방문하는 여행이 필요한 것은 아닐지 모릅니다. 하지만 살아가면서 익숙한 것들을 떠나 새로운 장소, 지식, 경험, 정보, 만남에 자신을 끊임없이 노출시키는 일은 정말 중요합니다. 그런 과정에서 사람들은 타인이나 다른 세계를 통해 자신의 내면세계를 들여다보게 되니까요.

좋은 재능과 머리를 타고났지만 좁은 영역을 벗어나지 못한 채 그럭저럭 살다가 가버리는 것은 정말 아쉬운 일입니다.

'당신은 무엇이 되고자 합니까?' 그리고 '당신은 무엇이 될 수 있다고 생각합니까?'라는 질문에 대한 원재료를 얼마나 갖고 있는지를 생각해 봅니다.

재능이나 머리는 가능성의 영역에 불과하지요. 그것만으로는 소용없습니다.

인간은 생각하는 것 이상으로 살아갈 수 없습니다.
인간은 상상하는 것 이상으로 살아갈 수 없습니다.
인간은 소망하는 것 이상으로 살아갈 수 없습니다.
인간은 믿는 것 이상으로 살아갈 수 없습니다.

마음속에 꿈의 그림을 그려라

윌리엄 제임스 심리학에는 한 가지 법칙이 있다. 이루고 싶은 모습을 마음속에 그린 다음 충분한 시간 동안 그 그림이 사라지지 않게 간직하고 있으면, 반드시 그대로 실현된다는 것이다.

— 생활 속에서 실천하면 누구든 큰 도움을 받을 수 있는 방법입니다. 삶에 대한 의지, 열정, 자극을 제공하는 좋은 방법이지요. 저 역시 되고 싶은 제 모습을 마음속에 그려가는 습관을 오래전부터 지녀왔습니다.

그런데 정말 인간이 자신이 그리는 대로 살아가게 될까요? 물론 꿈꾸는 대로의 삶이 요구하는 노력을 병행해야 합니다. 꿈을 꾸지 않는다면 간절히 바라는 것도 없기에 아무것도 이룰 수 없습니다. 하지만 꿈을 명료하게 갖고 이를 달성하기 위해 노력하다 보면 꿈에 다가설 수 있습니다. 설령 꿈을 100퍼센트 달성하지 못하더라도 꿈에 가까이 다가서는 것만으로도 꿈은 그 가치를 톡톡히 하는 것이지요.

잠재력을 열어주는 열쇠

검은 큰사슴 힘과 지적 능력이 아니라 끊임없는 노력이 여러분의 잠재력을 열어젖히는 열쇠다.

— '검은 큰사슴(헤하카사파, 1863~1950)'은 아메리카 원주민인 오그랄라수우 족의 예언자 겸 주술사로, 백인들에게 치열하게 저항했던 사람으로 유명하며, 삶의 지혜를 담은 주옥같은 명언을 아주 많이 남겼습니다.

아무리 지능이 뛰어나고 귀한 재능을 가졌더라도, 집요하게 노력하지 않는다면 자신이 어떤 가능성을 갖고 있는지, 어느 정도의 잠재력을 갖고 있는지를 알 수가 없습니다.

발명가 토머스 에디슨도 "천재란 1퍼센트의 영감과 99퍼센트의 땀으로 이루어진다"라고 말했습니다. 목표를 세우고 그것을 이루기 위해 끊임없이 노력하는 사람을 당해낼 것은 아무것도 없습니다.

긴장감을 유지하라

조앤 보리센코 **약간의 긴장감은 영혼이 성장하는 데 필요하다. 우리는 그런 긴장감을 좋은 용도로 사용할 수 있다.**

━━ 적절한 긴장감은 무언가를 성취하거나 행복을 느끼는 데 있어서 필수적인 요소입니다.

긴장을 하고 있다는 것은 외부세계를 향해 촉수를 세우고 있는 상태라고 볼 수 있습니다. 따라서 외부의 자극에 민감하게 반응할 수 있고 정보를 더 활발하게 받아들일 수 있겠죠.

물론 지나친 긴장감은 건강에 해로울 수 있습니다. 하지만 지나치게 풀어져 있는 것 역시 건강에 도움이 되지 않습니다. 적절하게 자신을 조이고 풀 수 있는 능력은 직업적인 성취나 생활인으로서의 행복감을 느끼는 데 무척 중요한 부분이지요.

* 조앤 보리센코(Joan Borysenko) : 심신 통합의학의 선구자.

어떤 세상에서 살고 싶으세요?

F. 스캇 피츠제럴드 **세상은 우리의 눈 속에만 존재한다.** 우리가 원하는 만큼 세상을 크게 만들 수도 있고 작게 만들 수도 있다.

━━ 어린 시절, 내 눈에 보이는 세상과 다른 사람들 눈에 보이는 세상이 다른 모습이지는 않을까 생각했던 적이 있습니다. 그렇게 세상의 물리적인 모습이 다르지는 않겠지만, 분명 모든 사람들에게 이 세상은 조금씩 다르게 보일 것입니다.

보기에 따라 이 세상은 환할 수도 있고, 어두울 수도 있고, 즐거울 수도 있고, 우울할 수도 있습니다. 기분 좋고 신나는 일만 생기는 곳일 수도 있고, 늘 짜증스럽고 우울한 일만 생기는 곳일 수도 있습니다.

여러분은 어떤 세상에서 살고 싶으신가요?

비전을 공유하라

생텍쥐페리 **배를 만들고 싶다면** 사람들을 불러 모아 목재를 마련하고 임무를 부여하고 일을 분배할 것이 아니라 **그들에게 무한히 넓은 바다에 대한 동경을 보여줘라.**

━ 사람들에게는 계기만을 제공하고, 꿈과 목적지는 스스로 발견하게 하라는 얘기입니다. 그렇게 해서 스스로 꿈과 목표를 찾는다면 가슴 속에 성취에 대한 열망이 저절로 생겨날 것이고, 목표 달성을 위한 구체적인 방법도 찾게 될 것입니다.

회사나 단체에서는 구성원들이 꿈과 목표를 공유할 수 있도록 해야 합니다. 그럴 때만 각자가 자발적으로 노력을 하게 되고, 그 노력들이 합해져 큰 힘이 만들어지고, 그 힘이 의도하는 성과를 낳게 됩니다.

자녀들을 키울 때에도 마찬가지입니다. 어린 시절 부모님을 따라가는 여행이나 공연, 부모님이 소개해 준 책 등에서 아이는 자신의 인생을 이끄는 '북극성'을 만날 수 있을 것입니다.

초심으로 돌아간다는 것

마쓰시타 고노스케 『이루어질 것은 이루어진다』 아무리 성장을 해도 다른 사람의 말에 귀를 기울이는 마음을 잃으면 결국 자신도 잃게 된다. '초심으로 돌아간다'는 것은 어린 시절, 다른 사람들에게 가르침과 인도를 받았던 시절, 그 시절의 순수한 마음을 되찾는다는 의미가 아닐까.

━ 파나소닉의 전신인 마쓰시타 전기산업의 창업자이자 일본에서 '경영의 신(神)'이라 불리는 마쓰시타 고노스케의 말입니다. 그 자신 '신'이라 불릴 정도의 위치에 있었지만 다른 사람들의 말에 귀를 기울이는 것의 중요성을 강조하고 있다는 점이 시사하는 바가 크군요.

줏대 없이 다른 사람들의 생각을 무조건 따르는 것은 문제가 있겠지만, 다른 사람들의 말은 절대 듣지 않는 독불장군 같은 태도도 문제가 있습니다. 항상 귀와 마음을 열고 배우는 자세를 지녀야 할 것입니다.

며칠 전에 전국의 3만 명 학생들 가운데 500대 1의 경쟁률을 뚫고 한 기업의 글로벌 리더스캠프에 참가한 초중학생 60명을 만났습니다. 강의 중에 얼마나 질문이 많은지, 놀랐습니다. 그들을 보면서 '저런 자세를 평생토록 유지할 수 있다면……'이란 생각을 했답니다.

초심으로 돌아간다는 것은
어린 시절,
가르침과 인도를 받았던 시절의
순수함을 되찾는 것이다.

지성에만 귀를 기울인다면?

레이 브래드베리 우리가 우리의 지성에만 귀를 기울인다면 우리는 결코 사랑에 빠질 수 없고, 결코 친구를 가질 수 없으며, 결코 비즈니스를 할 수 없을 것이다. 왜냐하면 우리는 냉소적이 될 것이기 때문이다.

― 사람이 지성이나 이성만으로 살아갈 수는 없습니다. 이성과 감성이 적당히 균형을 이루어야 합니다. 감성에서 비롯된 열정이 없다면 이성은 무용지물이 될 수밖에 없을 것입니다. 더욱이 무언가 새로운 일에 도전할 때 이성이 "그건 될 거야. 넌 할 수 있어!"라고 이야기하는 경우는 흔치 않지요. 열정의 화력을 추진력 삼아 나아가되 이성이 바른 길로 이끌면서 적당히 제어하는 것. 그것이 가장 이상적인 삶의 모습일 것입니다.

배워야 하는 이유

프랜시스 베이컨 역사는 인간을 현명하게 하고, 시는 지혜롭게 하고, 수학은 치밀하게 하고, 철학은 심원하게 하며, 윤리학은 중후하게 하고, 논리학과 수사학은 담론에 능하게 한다. **따라서 학문은 인격이 된다.**

— "아는 만큼 보인다"는 말이 있습니다. 지식의 폭과 깊이만큼 사람은 생각하고 판단할 수 있습니다. 결국 지식이 그 사람이 세상을 보는 렌즈와도 같은 역할을 하니까요. 베이컨이 말한 것처럼 "학문이 인격이 되는" 것입니다.

지식은 학교에서 배우는 것만을 의미하지 않습니다. 긴 인생을 생각할 때, 학교를 졸업한 후 책이나 기타 매체를 통해 얻는 지식이 더 많은 비중을 차지할 것입니다.

항상 책을 가까이 하세요. 책에서 얻는 지식과 지혜는 여러분의 시야를 넓히고 사고를 넓혀줄 것입니다. 그리고 나아가 여러분의 삶을 업그레이드시켜 줄 것입니다.

온 세상을 배움터이자 여행지로

트와일라 타프 당신이 어디에 살고 있든 상관없다. 마음속에 목표만 있다면 어떤 장소든 귀중한 답사여행지로 변화시킬 수 있다.

━━ 트와일라 타프는 1941년생으로 세계적인 현대무용가이자 안무가입니다. 그녀는 창조성은 천재들만의 전유물이 아니며, 천재들도 타고난 재능보다는 노력하는 습관에 의해 창조성을 발휘하는 것이라고 말합니다. 마찬가지로 보통사람들도 규칙을 습관화해서 창조성을 키울 수 있다고 강조하지요.
추구하는 방향과 목적만 분명하다면 어디든 배움과 창조의 장소가 될 수 있습니다. 마치 자석에 끌려들듯이 정보들이 우리 마음속 목표를 향해 달려오지요. 반면에 분명한 목표가 없다면 아무리 많은 것을 보고 듣고 경험해도, 아무리 많은 곳을 여행해도 배움을 얻을 수 없을 것입니다.
마음속에 늘 접히지 않는 안테나를 세워두세요. 그리고 안테나를 통해 세상을 빨아들이세요. 그렇게 창조적이고 풍요로운 삶을 만들어가세요.

경험의 주체가 되라

빅터 프랭클 환경이 인간에게 얼마나, 어떤 영향을 미칠 수 있는가의 여부는 자신이 어떻게 받아들이고 깨닫느냐에 달려 있다.

━ 결국 어떤 경험을 할 때 궁극적으로 그 경험을 어떻게 받아들이는가는 사람이 결정한다는 이야기입니다. 같은 어려움을 겪으며 자랐어도 환경을 탓하며 비뚤어진 길을 가는 사람이 있는가 하면 그 어려움을 자양분으로 더욱 강하게 크는 사람이 있습니다. 가혹한 상흔을 남기는 경험을 했음에도 훌훌 털어버리고 아무 일도 없었던 것처럼 살아가거나, 그 일을 계기로 더 강한 인간으로 거듭 나는 사람들도 있지요.
여러분은 어떤 선택을 하시겠습니까?

무게중심을
유지하라

"볼테르는 지나친 낙관주의를 비판했다."

막내아들이 대화 중에 들려준 이야기입니다. 프랑스의 계몽사상가이자 작가였던 볼테르(1694~1778)는 지식을 상품화해서 큰 부호가 되었던 인물입니다. 경제학의 아버지로 불리는 아담 스미스가 그의 흉상을 집 안에 전시할 정도의 인물이었지요.

그 이야기를 듣는 순간 저 역시 "지나친 낙관주의는 자주 방심과 방만의 원인이 될 수 있다"는 문장이 떠올랐습니다.

알랭 드 보통은 적절한 불안감이야말로 생존에 필수적인 요소라고 지적했습니다. 미래에 대해 지나친 불안감을 갖는 것은 스트레스나 병의 원인이 되지만, 적절한 긴장감과 불안감은 성장에 크게 기여한다는 얘기죠.

어제 저녁에 읽었던 《뉴욕타임스》에도 비슷한 내용의 기사가 실려 있었습니다. '지나친 낙관주의가 가져온 폐해'를 가혹하게 비판한 책에 대한 기사였습니다. 그 책은 바바라 에렌라이히(Barbara Ehrenreich)의 『지나치게 낙관적인: 긍정적 사고가 어떻게 미국을 좀먹고 있는가(Bright-sided: How Positive Thinking Is Undermining America)』란 책입니다.

생물학으로 박사학위를 받은 바 있는 작가는 이런 논리를 펼치고 있습니다.

"지나친 낙관주의는 지나치게 오랜 시간 동안 따뜻한 거품으로 가득찬 욕조에 앉아 있는 것과 같다. …… 서브프라임 모기지와 부동산 가격의 계속적인 상승에 대한 지나칠 정도의 낙관적인 전망은 긍정적 사고라는 문화의 산물이다. …… 우리는 합리적 사고, 즉 현실주의에 자신을 노출시킬 필요가 있다."

그렇다고 해서 우울한 비관주의자가 되자는 얘기는 아닙니다. 다만 중요한 것은 낙관주의는 현실주의와의 적절한 결합에 의해서만 제대로 힘을 갖게 된다는 사실입니다. 비관주의보다는 낙관주의에 무게중심이 더 실려야 하지만 이는 반드시 현실주의에 의해 적절하게 견제되어야 한다는 것이죠.

이따금 멈춰 서라

파울로 코엘료 『흐르는 강물처럼』 우리는 정상에 오른다는 목표를 항상 유념해야 한다. 하지만 산을 오르는 동안 펼쳐지는 무수한 볼거리 앞에서 이따금 멈춰 선다고 큰일이 날 것까진 없다. 한 걸음 한 걸음 올라갈수록 시야는 넓어진다. 이를 통해 지금까지 인식하지 못했던 사물을 발견해 보면 어떨까.

── 등산도 정상에 오르는 데에만 의미가 있지는 않지요. 정상에 오른다는 목표를 향해 가면서 도중에 멋진 풍경도 감상하고, 시원한 바람을 맞으며 발아래 세상을 내려다보고 상념에 잠기기도 하는 데 어쩌면 더 큰 의미가 있습니다.
인생에서도 목표를 향해 달려가는 것도 중요하지만, 중간 중간 걸음을 늦추고 주변을 둘러보는 여유를 가져야 합니다. 그런 멈춤의 시간에 목표를 향해 달려가는 에너지를 충전하기도 하고, 좋은 아이디어를 떠올릴 수도 있지요.

목표를 향해 달려가는 것도
중요하지만,
주변을 둘러보는
여유를 가져야한다.

욕망의 노예가 되지 말라

제임스 알렌 『원인과 결과의 법칙』 작은 목표라도 무언가를 이루려고 한다면, 자기 멋대로의 욕망에 노예처럼 끌려 다니면 안 됩니다.

세상에는 공짜가 없는 법입니다. 하고 싶은 것 다 하고, 쉬고 싶은 만큼 다 쉬고 무언가를 해낼 수는 없습니다.

근사한 성취를 이룬 사람들을 볼 때 우리는 흔히 그 사람의 현재의 모습만을 봅니다. 그가 그런 성취를 하기 위해 어떻게 해왔는지는 보지 못하는 경우가 많습니다.

누구든 즐길 수 있는 소소한 즐거움이나 쾌락을 모두 누리면서 원하는 꿈을 이루긴 쉽지 않습니다. 꿈과 당장의 쾌락 사이에는 늘 제로섬(zero-sum)게임이 이루어집니다. 하나를 가지면 다른 하나를 포기해야 하지요.

그렇다고 쾌락을 100퍼센트 포기할 수는 없겠지요. 어느 쪽에 비중을 두어야 하는지, 장기적으로 어느 쪽이 더 중요한지를 잊지 않으면 됩니다.

가슴과 직관을 따르는 용기

스티브 잡스 당신의 시간은 제한되어 있으므로 마치 **다른 사람의 인생인양 시간을 낭비해서는 안 된다.** …… 다른 사람들의 의견이 당신의 내면의 목소리를 말려버리게 해서도 안 된다. 그리고 가장 중요하게는 자신 가슴과 직관을 따르는 용기를 가져야 한다.

— "다른 사람의 인생인양 시간을 낭비해서는 안 된다." 등줄기가 서늘해지는 말이 아닌가요?

자신이 어떤 사람인지, 자신이 원하는 것이 무엇인지 알아내려는 노력 없이 시류에 휩쓸리고 다른 사람들의 생각을 무조건적으로 좇으며 시간이 무한대로 주어지는 줄 착각하고 살아가는 사람들에게 아주 귀한 충고입니다.

자신의 내면의 목소리가 진정으로 원하는 것이 무엇인지 정확히 알고, 용기 있게 그 목소리를 따라 시간을 낭비하지 말고 살아가야 합니다. 그것이 자신을 가장 사랑하는 방법입니다.

아는 것이 많다고 똑똑한 것은 아니다

칼 세이건 아는 것이 많다고 해서 똑똑한 것은 아니다. 지적 능력은 정보만이 아니라 정보를 모으고 사용하는 판단력과 방법에 달려 있기도 하다.

─ 『코스모스』라는 저서와 동명의 TV 프로그램으로 대중에게 우주를 친근하게 소개했던 천문학자 칼 세이건(1934~1996) 박사의 말입니다.

많은 것을 잡다하게 아는 것이 능사는 아니지요. 특히 요즘처럼 인터넷을 비롯한 각종 매체가 범람하여 수많은 정보와 자료에 노출되어 살아가는 시대에는 명심해야 할 충고입니다.

지금은 이들 정보를 조합해서 가치를 만들어내는 능력이 필요합니다. 정보를 변별하는 능력이나 활용하는 능력은 모두 완성품을 자꾸 만들어볼 때 생기는 능력입니다. 자신의 분야에서 필요로 하는 완성품을 자꾸 만들어보세요. 작가라면 자꾸 책을 써야 하고, 세일즈맨이라면 새 고객을 계속 찾아야 하며, 연구원이라면 남들이 생각하지 못했던 기술을 자꾸 개발해 봐야 합니다. 그런 과정에서 정보 변별력과 활용 능력이 생겨나게 되지요.

앞으로 나아가는 비결

마크 트웨인 앞으로 나아가는 비결은 우선 시작하는 것이다.

■ 아마도 마크 트웨인은 글을 쓸 때 실타래처럼 헝클어진 일들을 하나로 받아들이지 않고 그것들을 잘게 나누었을 것입니다. 그런 다음 하나 선택하여 이것저것 고민하지 않고 시작했을 것입니다.

'이걸 언제 다 하지?' 하고 겁먹고 고민만 하다가 아예 손도 대지 못하지 말고, 우선 내가 할 수 있는 작은 일부터 시작해보세요. 그렇게 하나라도 시작하면 그 하나가 다른 하나로 이어지고, 또 다른 하나로 이어지고, 그러다 보면 전체를 해내게 됩니다.

저는 전업작가가 아닙니다. 매년 300차례 이상의 강연을 하면서도 제가 전업작가 못지않게 글쓰기를 할 수 있는 비결 가운데 하나가 바로 이것입니다. 책이든 프로젝트든, 커다란 덩어리로 생각하며 부담만 느끼지 말고 작은 조각들로 나누세요. 그리고 조각을 하나씩 맞춰간다고 생각하세요.

Letter

힘이
있어야
산다

　며칠 전 한 기업의 연수원에서 강연을 했습니다. 그런데 그곳에 "힘이 있어야 산다"라는 문장이 적혀 있더군요. 그 기업의 창업자가 손수 고른 글귀라고 합니다. 아마도 일제 치하와 그 후의 험한 시대를 살았던 분이라 삶을 지탱하는 최고의 문장이 "힘이 있어야 산다"였던 게 아닐까 추측했습니다. 그리고 입구에는 이런 문장도 적혀 있더군요. "지나간 단 1초의 시간도 돌아오지 않는다."

　개인이건 조직이건 나라건 간에 '힘'이 없으면 제대로 대우를 받고 살아갈 수 없습니다. 암담한 시대를 맨손으로 일구어온 사람들에게 '힘'이라는 것은 교과서에 나오는 단어가 아니라 삶의 현장에서 중심부를 차지하는 기둥과 같은 것이었을 테지요.

　힘을 키워야 합니다. 평생에 걸쳐서 힘이 얼마나 중요한지를 깨우치고 인생의 각 단계에 맞추어 착실히 키워나가야 하지요.

　불황의 한파가 휘몰아치면 늘 피해를 보는 사람들이 나옵니다. 그러나 사정이 나았던 시절에 착실히 힘을 키웠다면 피해를 줄일 수 있었을 것입니다.

　어제 이발소에서 머리를 깎아주시던 분이 이런 이야기를 하시더군요.

"사람이나 자연이나 똑같은 것 같습니다. 자연계에 사는 동식물들도 다들 경쟁하는 것 같습니다. 그곳에서도 늘 우열이 가려지게 되지요. 젊은 날 험한 일은 하지 않고 돈 적게 주는 일은 하지 않고…… 그렇게 하면 할 수 있는 일이 뭐가 있겠어요."

또 오늘 택시에서 만난 나이가 꽤 드신 기사 분은 이런 이야기를 하시더군요.

"일이 줄어서 야단입니다. 전에는 매일 출근을 해서 한 번 정도 손님을 모실 수 있었는데 이제는 격일도 힘든 실정입니다."

누구나 똑같은 분량의 시간을 갖고 삽니다. 좋은 시절에, 편안한 시절에, 여유가 있는 시절에 늘 비오는 날, 바람 부는 날, 추운 날을 생각해야 합니다. 그렇게 살면 매일을 대충 때우듯이 살아갈 수가 없습니다.

문제가 생기고 나서 어떻게 해야 하나 허둥대는 모습을 보면 참으로 안타깝습니다.

힘이 있어야 제대로 살 수 있습니다.

여러분 모두 힘을 키우는 하루하루 보내시길 당부합니다.

불편해야 성장한다

에란 카츠 『천재가 된 제롬』 무슨 일이든 결국에는 적응하게 되죠. 그런데 그 점이 우리의 개성과 지성을 발전시키는 데 큰 장애물이 된다는 겁니다. …… **누구나 편안하다고 느끼는 순간 두뇌는 활동을 멈추게 됩니다.** 단순해지는 거죠.

━ 늘 자신의 상황에 대해서 적절한 불편함과 부족을 느껴야 합니다. 그래야 성장에 대한 욕구나 필요를 갖게 되지요. 두뇌가 만들어내는 아이디어는 에너지의 흐름입니다. 그런 흐름의 방해물 가운데 으뜸은 '이 정도면 됐어'라고 생각하는 것입니다. 그렇게 생각하는 순간부터 에너지의 흐름이 급격히 줄어들게 되죠.

'이 정도면 됐지 뭐', '이 상태가 좋은데. 난 그냥 이렇게 있을래' 하는 마음과 싸워야 합니다. 물론 끊임없이 발전하고 성장하고 싶은 사람이라면요. '지금 이 상태로 편안하고 조용히 살고 싶어'라고 생각하는 사람이라면 굳이 싸우지 않아도 됩니다. 하지만 명심하세요. 그렇게 살아간다면 그 상태를 유지하는 것도 힘들어질 거라는 걸 말입니다.

성장의 에너지를
계속 흐르게 하려면,
늘 불편함을 느껴야 한다.

Letter

살아가는
유일한 목적은
성장하는 것이다

강연차 들렀던 어떤 곳의 화장실에는 다음과 같은 영어와 우리말 문구가 붙어 있었습니다.

Never too old to learn.
배우기에 너무 늦은 나이는 없다.

참 흔한 말이긴 하지만, 최근의 개인적인 상황이 몇 가지 떠오르면서 이 문장이 가슴에 들어와 박혔습니다.

어제 늦게 퇴근해 집에 들어온 아내가 저를 보고 "당신 요즘 좀 여윈 것 같아요"라고 하더군요. 그래서 저는 "응. 새로운 일을 시작했거든요. 그동안 강연을 해오던 방식을 바꾸는 프로젝트를 막 끝마쳤어요" 하고 답했습니다. 새로운 것을 익히기 위해 며칠간 새벽부터 늦은 밤까지 자신을 몰아붙였더니 그게 겉모습에 드러났던 모양입니다.

부족한 점을 만났을 때, 혹은 더 나은 방법을 찾아 새로운 것을 배우고 익힌 다음 그것을 자신의 일과 삶에 적용해 가는 일은 아주 사소한 일조차 처음에는 힘들게 느껴집니다.

하지만 젊은 사람들에게 이것저것 물어보고, 이리 저리 시도해 보면서 시행착오를 경험하다 보면 어느새인가 익숙해집니다. 이는 참으로 유쾌한 일이지요.

기계나 소프트웨어를 다루는 일이 조금 늦은 사람은 시간이 더 걸릴 수 있습니다. 그래도 '그런가 보다' 하고 위안하면서 한 걸음 한 걸음 완성을 향해서 나아가는 일은 나이를 먹어가더라도 늘 젊게 살아갈 수 있는 비결이 아닐까요.

최근 미국 드라마를 즐겨보기 시작한 집사람은 "영어 듣기 실력이 좋아지고 있다"고 기뻐하고 있습니다.

무엇이든 더 나은 상태를 향해 나아가는 것은 정말 멋진 일이지요.

"살아가는 유일한 목적은 성장하는 것이다"라는 문장이 떠오릅니다.

여러분은 지금 자신을 더 나은 사람으로 만들기 위해 무엇을 배우고 계신가요?

6장

진짜 행복을 알기 위하여
성공의 의미를 묻다

성공한 내 모습을 상상하라

노먼 빈센트 필 『적극적 사고방식』 **자신이 성공하고 있는 모습을 구상하여 그 그림을 마음속에 새겨라.** 자신이 실패하는 모습은 절대로 상상하지 마라.

▰ 저는 어려서부터 '나중에 나는 이러이러한 사람이 되고 싶다, 이런 일을 하면서 살겠다, 이런 인물을 닮고 싶다'는 생각을 하며 살았습니다. 당시에 그런 생각들은 실현될 가능성이 별로 높지 않은 꿈에 불과했지요. 그런데 나이를 먹어가면서 놀라는 일 가운데 하나가, 바로 지금 저는 제가 그리던 모습과 거의 비슷한 삶을 살아가고 있다는 점입니다.

삶은 꿈꾸는 대로 만들어져간다는 생각을 할 때가 많습니다. 물론 중간 중간에 이런 저런 변화도 있고, 원하는 대로 되지 않는 경우도 있겠지요. 하지만 스스로의 마음에 어떤 그림을 갖고 살아가느냐에 따라 삶이 만들어진다고 느낄 때가 적지 않습니다.

오늘부터 여러분도 한번 실험해 보세요.

미리 점검하고 대비하라

로알 아문센 온갖 어려움이 예상되는 탐험에서의 성공은 예방 조치를 취하고 그 어려움을 피할 방법을 강구해야만 가능하다. **성공은 모든 상황에 미리 대비하는 사람을 기다리고 있다.** 필요한 예방 조치를 게을리하는 사람은 분명 실패할 것이다.

━━ 인류 최초로 남극점에 도달한 노르웨이의 탐험가 로알 아문센(1872~1928)은 남극으로 향하는 길에 귀환할 때를 대비해 식량 일부를 곳곳에 남겼다고 합니다. 자연히 전진 속도는 빨라졌고 체력 소모는 줄었지요. 또 에스키모처럼 개썰매를 이동 수단으로 선택했고, 귀환길에 식량이 부족하자 개를 식량으로 이용했다고 합니다.

발생 가능한 모든 상황에 대해서 미리 준비하는 것은 인간의 힘으로는 불가능한 일일 것입니다. 그러나 예상할 수 있는 한, 상상할 수 있는 한 모든 상황을 가정하고 준비하는 것이 삶에 임하는 자세가 되어야 합니다.

막연히 '될 거야'라고 생각하지 말고 발생할 수 있을 위험을 미리 점검하고 대비책을 마련해 보세요. 자신이 상황을 통제하고 있다는 스스로에 대한 믿음도 덤으로 얻을 수 있습니다.

운도 능력이다

세네카 행운은 준비가 기회를 만났을 때 생기는 것이다.

━ 행운에 대한 멋진 해석을 고대 로마의 사상가 세네카가 선물했군요. 예나 지금이나 삶의 진리는 하나라는 새삼스러운 사실에 감탄하게 됩니다.

행운은 준비된 자에게만 찾아옵니다. 노력이나 준비 없이 행운을 기대하는 것은 공부를 하나도 하지 않고 시험에 자기가 아는 문제만 출제되어 합격하기를 바라는 것처럼 터무니없는 일이지요.

"운도 능력이다"라는 말도 있습니다. 준비를 해서 능력을 갖춘 사람에게만 행운이 의미가 있다는 이야기겠지요.

열심히 준비하세요. 그래서 기회가 찾아왔을 때 행운을 멋지게 손에 넣으세요.

성공하기 위한 네 가지 요소

찰스 디킨스 만일 내가 **시간 엄수, 질서, 근면의 습관이 없었다면,
그리고 한 번에 한 가지 주제에 집중하는 결단력이 없었다면, 나는
내가 성취한 모든 것을 결코 이루어낼 수 없었을 것이다.**

─ 예술가라고 하면, 소설가든 음악가든 화가든 성실, 근면, 시간 엄수 등의 덕목과는 거리가 멀 거라고 생각하기 쉽습니다. 광기어린 천재성이나 사회 적응성이 다소 부족한 강한 개성 등을 떠올릴 수도 있고요.

그러나 소설가인 찰스 디킨스는 자신이 이룬 업적의 밑바탕에 시간을 엄수하는 습관과 질서, 근면한 태도, 그리고 집중력이 있다고 말하고 있습니다. 『1Q84』로 전 세계적인 돌풍을 일으키고 있는 무라카미 하루키 역시 규칙적이고 성실한 생활로 유명합니다.

어떤 분야에서든 성취를 원한다면 위의 네 가지 덕목을 가슴 깊이 새기고 실천할 필요가 있을 것입니다.

위대한 결과를 얻을 것이라는 믿음

데이비드 슈워츠 「리더의 자기암시법」 나는 성공할 것이다라는 생각이 당신의 모든 사고과정을 지배하게 하라. 그러면 조건반사로 당신의 마음은 성공을 초래할 만한 계획을 세우게 된다.

━━ 마음속에 자신이 꿈꾸는 미래를 그리고, 그런 미래가 올 거라고 믿는 것의 힘을 강조하는 말입니다.
자신에 대한 믿음의 크기만큼 인간은 성장합니다. 자신에 대한 믿음은 어떻게 커질까요? 그것은 어느 날 갑자기 원한다고 생기는 것이 아닙니다. 매일 매일, 매 순간 자신에게 한 작은 약속을 지켜가면서 자신에 대한 믿음이 서서히 쌓여갑니다. '과연 내가 그렇게 할 수 있을까?'에서 '난 이 정도는 얼마든지 할 수 있어'로 바꾸어 갑니다.
그래서 미래는 바로 지금 이 순간에 있다고 말할 수도 있는 거겠지요.

골프에서 배우는 인생

켄 블랜차드, 윌리 암스트롱 『멀리건 이야기』 골프에서는 이 모든 일이 네 시간 반 동안에 그 작은 공에 의해 이루어지지. **공을 처음 움직이는 것도 자네이고, 자네 말고는 그 공을 대신 쳐줄 사람이 없네.** 그리고 인생에서는 매일 매 순간이 그렇지.

▬ 골프공을 어느 누가 대신해서 쳐줄 수 없는 것처럼 우리 인생도 마찬가지입니다. 인생의 여정에서 매일, 매순간 자신의 공을 스스로 쳐야 하지요. 아무도 대신해서 우리를 위해 공을 쳐주지 않는다는 사실이 버겁게 느껴질 수도 있지만, 우리 공을 다른 사람이 대신 친다고 생각하면, 어떠세요? 절대 안 될 일이지요?

칭얼대지 말고, 툴툴거리지 말고, 분노하지도 말고, 비난하지도 말고, 자기에게 주어진 공을 자기가 원하는 대로 시원하게 날려보세요.

초지일관하는 능력

에크낫 이스워런 『인생이 내게 말을 걸어왔다』 **성공하는 삶을 살기 위해서는 초지일관하는 능력을 길러야 한다.** 한다고 다 이룰 수 있는 것은 아니다. 서둘러 거창하게 시작해도 계속 그 속도를 유지하기는 어렵다. 마무리가 멋진 인생이 멋진 인생이다.

― 시작한 일을 하나하나 마무리하는 것은 한 인간의 완성도를 나타내는 지표입니다. 처음에는 의욕이 넘쳐서 거창하게 계획을 세우고 이것저것 벌여놓지만 마무리를 하지 못하는 사람들이 있습니다. 얼마 지나지 않아 끓어올랐던 냄비는 식어버리고 말죠. 그런 사람은 주변 사람들까지도 무척 힘들게 만듭니다.

무슨 일이든 시작했으면 확실히 매듭을 짓고 나서 다른 일을 시작해야 합니다. 작은 일에서부터 하나하나 확실히 마무리하는 사람만이 제대로 된 인생을 살아갈 수 있다는 점, 잊지 마세요.

영광의 시간,
좌절의 시간,
역경의 시간……
인생에는 여러 가지
이야기가 담겨야 한다.

Letter

인생이라는 한 권의 책

일본 사람들에게 '경영의 신'으로 불리는 마쓰시타 고노스케는 『동행이인』에서 "어엿한 한 사람의 상인이 되기 위해서는 소변에 피가 나올 정도의 일을 한두 번쯤 겪어야 한다"라고 말합니다. 성공하기 위해서는 젊은 날의 고생이 반드시 필요하다는 얘기입니다.

그 구절을 읽으면서 요즘 젊은이들이 떠올랐습니다. 그들은 마쓰시타의 저 말을 어떻게 느낄까요? 요즘은 인생의 초년부터 편하게 살려고 마음먹은 젊은이들을 많이 만납니다. 그럴 때면, 삶이란 그런 게 아닌데…… 하는 생각이 들곤 합니다.

눈물 나는 빵을 일부러 먹을 필요는 없지만, 그런 기회가 주어지면 이 또한 내 인생에 의미 있는 일을 위한 준비라고 생각할 수 있어야 합니다.

이런 이야기를 하면 나이든 사람들이 늘 하는 이야기로 치부해 버릴 수도 있겠지요. 하지만 인생에는 여러 가지 이야기가 담겨야 합니다. 영광의 시간, 좌절의 시간, 역경의 시간, 순경의 시간…… 그런 것들이 모두 한데 묶여 인생이라는 한 권의 책이 됩니다.

되돌아보면 힘들기만 했던 그 시절이 없었다면 삶은 얼마나 밋

믿했을까, 지금의 내가 있을 수 있었을까, 하는 생각을 할 때가 자주 있습니다.

저는 살아가면서 제일 피해야 할 말 가운데 하나가 바로 "편안하게 살자"라고 생각합니다. 조금이라도 힘든 일은 하지 않고, 조금이라도 위험하게 보이는 일은 시도하지 않고, 남들이 닦아 놓은 반들반들한 길만 찾아가는 사람에게 언젠가 그 길은 굴레가 될 수 있습니다.

'러브마크' 같은 존재가 되려면

케빈 로버츠 『러브마크 이펙트』 러브마크가 되려면 대체할 수 없는 유일한 제품에서 **거부할 수 없을 만큼 매혹적인 제품으로 탈바꿈해야 한다.** 이것만이 유혹경제에서 성공하는 방법이다. 기업은 소비자의 꿈이 실현되도록 강력하면서도 감성적인 경험을 만들어내야 한다.

'러브마크(lovemark)'란 세계 최고의 광고대행사인 사치앤사치(Saatchi & Saatchi)의 CEO 케빈 로버츠가 직접 창안한 감성마케팅 개념으로, '상품의 브랜드 또는 트레이드마크가 소비자의 마음에 지워지지 않는 사랑의 느낌으로 각인되는 것'을 뜻합니다. "난 그게 정말 좋아. 너무 마음에 들어!" 같은 말이 고객의 입에서 쉴 새 없이 나오는 상품이나 서비스면 러브마크라고 할 수 있죠.
"대체할 수 없는 제품에서 거부할 수 없을 만큼 매혹적인 제품으로!"
이는 단지 재화와 서비스에만 해당되는 말은 아닐 것입니다. 사람도 러브마크 같은 존재가 되도록 노력해야 합니다. 어떻게 해야 매혹적인 사람이 될 수 있을까? 업무 능력에서든, 인간관계에서든, 스스로의 가치를 높이기 위해 고민하는 사람이라면 마음속에 담고 노력해야 할 질문입니다.

돼지에게 노래 가르치기

도널드 클리프턴, 톰 래스 『당신의 물통은 얼마나 채워져 있습니까?』 우리 집에서 가장 자주 쓰는 말은 "돼지에게 노래 부르는 걸 가르치려고 하지 마라. 그건 시간 낭비일 뿐 아니라 돼지에게도 괴로운 일이다" 라는 오래된 속담으로, 덕분에 나는 그 말의 혜택을 톡톡히 누렸다. 나는 모든 것을 잘하려고 노력하지는 않았지만 대신 천부적으로 재능을 타고난 부분에서는 최고가 되기 위해 온 힘을 기울여 최선을 다했다.

━ 도널드 클리프턴은 '비즈 키즈'라는 이름으로 열 살 때부터 과자 가판대 사업을 하면서 같은 반 친구들을 20여 명 고용하고 2천 달러 이상의 순이익을 올린 인물입니다. 그가 이 같은 경험을 할 수 있었던 것은 가족들이 그가 잘하는 일에 집중할 수 있도록 도와주었기 때문일 것입니다.

인간은 모든 일에 능할 수는 없습니다. 성공하기 위해 중요한 것은 자신이 진정으로 좋아하고 잘하는 것을 중심으로 생의 반경을 좁혀가는 것입니다. 그렇다고 호기심의 문을 닫으라는 것은 아니지만요.

성공하는 직장인의 다섯 가지 조건

한 분야에서 걸출한 성과를 내는 데 성공한 분과 만나서 이런 저런 대화를 나눌 기회가 있었습니다. 그분은 국내 굴지의 기업에서 입신하는 데 성공한 분인데, 그분으로부터 그냥 흘려버리기엔 아까운 이야기를 들었습니다. 바로 '성공하는 직장인'의 조건에 대한 이야기였습니다.

그분은 "동료들이나 선배들 가운데 누가 조직 생활에서 크게 성공하던가요?" 하는 질문을 자주 받으신다고 합니다.

그런 질문을 받을 때마다 그분은 다음의 세 가지를 강조해서 답하신다고 합니다.

첫째는 태도입니다. 일이건 삶이건 간에 자신이 선택할 수 있는 가장 중요한 것이 바로 어떤 자세로 대하는가 하는 태도입니다. 그건 누가 강요할 수도 없고 보수를 더 준다고 해서 달라지는 것도 아닙니다.

둘째는 현장 지식을 체계화하는 노력입니다.

현장 경험을 통해서 얻은 지식과 책이나 강연을 통해서 얻은 지식은 차원이 다릅니다. 일을 잘하는 사람들을 보면 현장에서 얻은 산지식을 체계화하여 일에 접목하고, 다른 사람들의 지식을 활용하는 데도 익숙합니다.

셋째는 열정입니다. 자신을 독려하고 자극하는 데 능한 사람은 타인을 분발하게 만드는 데도 능하지요. 결국 그런 열정이 목표를 달성하게 만드는 것이죠.

그분이 만난 사람들 가운데는 이상의 세 가지 특성을 가진 사람들이 자기 분야에서 자리를 굳게 잡았다고 하시더군요.

이 세 가지 외에도 직장인으로서 성공하기 위해 필요한 조건은 추가할 수 있겠지만, 무척 좋은 지적이라고 봅니다.

제가 거기에 몇 가지를 추가해 본다면, 두 가지를 더하고 싶습니다.

하나는 '반듯한 생각'입니다. 눈에 보이지 않고 만질 수도 없지만 올바른 가치관만큼 중요한 것도 드물다고 생각합니다. 할 수 없는 이유, 될 수 없는 이유를 찾기에 분주한 동료나 부하를 데리고 일을 해본 사람이라면 올바른 가치관을 지닌 사람이 얼마나 소중한지 공감할 것입니다.

다른 한 가지는 '집중력'입니다. 대충 남들 하는 수준에 만족하지 않고 자신만의 높은 기준을 세운 다음 일정 기간 동안 에너지를 집중시킬 수 있는 능력이 있어야 합니다.

앞에서 말한 태도, 체계화한 지식, 그리고 열정은 '성공의 세 가지 핵심 조건'으로, 여기에 반듯한 생각과 집중력을 더해서 '성공의 다섯 가지 조건'이라고 부를 수 있겠지요.

시대의 냄새를 포착하라

시마 노부히코 「돈 버는 감성」 **성공의 열쇠는 시대의 냄새를 남보다 조금이라도 빨리 포착해서 그에 따른 해결책을 준비하는 데에 있다.**

─── 자신이 살고 있는 시대의 냄새와 정신, 그리고 사상을 제대로 읽을 수 있다면 기회를 잡을 수 있을 것입니다. 그런데 이런 것들을 제대로 포착할 수 있도록 스스로를 늘 훈련하는 일이 쉽지만은 않지요. 훈련으로만 가능한 일도 아닐 것이구요.

하지만 성공하고 싶은 사람이라면 반드시 명심해야 하는 진리입니다. 세상을 향해 안테나를 높이 세우고 안테나의 성능을 늘 최상으로 유지하는 노력을 통해 시대를 풍미하는 냄새와 정신 그리고 사상을 예리하게 포착하시길 바랍니다.

세상을 향해
안테나를 높이 세우고
시대를 예리하게 포착하라.

승자의 마음속

피터 템즈 『목적의 힘』 게임은 어디에서나 일어난다. 운동장, 뒤뜰, 사무실, 교실, 식당 등. 그러나 **승리가 이루어지는 곳은 단 한 곳뿐**이다. 바로 승자의 마음속이다.

― 생각의 힘을 강조하는 이야기입니다. '일체유심조(一切唯心造)'라는 불교 용어도 있듯이, 어찌 보면 우리의 삶 자체는 우리의 마음이 만들어내고 이끌어가는 것일지 모릅니다. 인생의 크고작은 승부가 결정되는 곳도 바로 우리의 마음속이지요. 이기겠다고, 잘 해내겠다고 마음먹고 노력하는 사람을 이길 수 있는 자는 없을 것입니다.

따라서 생각의 콘텐츠를 멋진 내용물로 채우는 일, 그리고 생각의 방향을 제대로 잡는 일은 정말 중요합니다. 그것이 우리의 인생을 결정지으니까요.

배우는 자 vs 배우지 않는 자

벤저민 바버 나는 세상을 강자와 약자, 성공과 실패로 나누지 않는다. 나는 세상을 배우는 자와 배우지 않는 자로 나눈다.

━ 배우는 사람은 강자가 될 가능성이 높습니다.
배우는 사람은 성공할 가능성이 높습니다.
배우는 사람은 깨우칠 가능성이 높습니다.
배우는 사람은 스스로의 한계를 인정할 가능성이 높습니다.
배우는 사람은 스스로 행복할 가능성이 높습니다.
배우는 사람은 인생의 콘텐츠를 꽉꽉 채워갈 가능성이 높습니다.
배우는 사람은 젊게 살 가능성이 높습니다.
배우는 사람은 몸은 현재에 있지만 항상 꿈을 꿀 가능성이 높습니다.
여러분은 어떤 사람입니까?

* 벤저민 바버(Benjamin Barber, 1939~) : 미국의 사회과학자, 대통령 정치자문, 대중연설가, 시민운동가, 사회과학연구소 소장, 문화예술 기획자

Letter

성공과 실패를 좌우하는 한 가지

프로 스포츠의 세계에서는 자기 관리가 곧 성공의 길입니다. 그런 면에서 박지성 선수나 이영표 선수 같은 성공 스토리도 있지요. 반면에 등장했을 때는 천재라는 평가를 받았지만 선수 생명이 짧게 끝나버린 선수들도 적지 않습니다. 정신적으로 성숙하지 못한 선수들이 그런 경우가 많았지요.

프로 스포츠의 세계만이 그런 건 아닙니다. 대부분의 분야에서 '스타'라고 할 만한 위치에 있는 사람들은 거의 비슷한 문제를 안고 있습니다. 성공에는 숱한 유혹이 따라옵니다. 안일함에 대한 욕구, 세상을 우습게 보는 자만심, 팬들의 맹목적인 애정으로 인한 우쭐함, 술이나 여자 같은 유흥에 대한 유혹……

한 분야의 프로가 롱런하는 방법은 딱 한 가지입니다. 자신의 분야에 전념하는 것이지요. 그리고 생활의 모든 잔가지를 쳐내는 것이지요.

"무슨 재미로 살아요?"라는 질문에 대한 답은 단호합니다. "세상 사람들이 당신에게 환호하는 것은 당신이 그만큼 절제하면서 무엇인가를 보여주기 때문이지 당신이란 사람 자체를 보고 환호하는 것은 결코 아니다."

가수라면 좋은 노래를 계속 부를 수 있는 한, 화가라면 독창적인 그림을 계속 세상에 내놓을 수 있는 한, 축구 선수라면 그라운드에서 멋진 플레이를 선보이는 한에만 팬들은 환호하지요.

언제 어디서든, 자신이 어떻게 하든 팬들은 자신에게 열광할 것이고 사람들은 자신을 찾아줄 거라고 착각한다면 몰락의 길로 가기 쉽죠.

이런 점에서 세상은 공평합니다. 각고의 노력을 더하는 사람들만이 팬들이 원하는 기량을 계속해서 보여주고 기대를 만족시킬 수 있습니다.

축구 선수든, 연예인이든, 작가든, 경영자든, 회사원이든 마찬가지입니다. 결국 자신이 어떻게 살아가고 있으며 어떻게 살아가기로 결심하느냐에 성공과 실패의 상당 부분이 좌우됩니다.

자신의 가치를 높이려면

나폴레온 힐 『나폴레온 힐 성공의 법칙』 '**보수보다 많은 일을 하는 습관**'을 기르게 되면 남들에게 없는 자신만의 특별한 적성을 계발할 수 있고 기술을 연마할 수 있다. 그에 따라 **자신의 가치를 높일 수** 있다.

▬ 요령을 피우며 적당히 건성건성 일하는 사람치고 일에서 성공하거나 자신의 인생을 뜻하는 대로 만들어가는 사람은 없을 것입니다. 대가에 연연하지 않고 열심히 일하는 것이 회사만을 위하는 일이라고 착각하지 마세요. 물론 회사에도 도움이 되겠지만, 그 과정에서 무엇보다도 자신이 발전합니다. 자신의 가치가 높아집니다. 스스로 '블루칩'이 되고 싶다면 남들과 비교하지 말고 성실하게 일하세요.

성공을 향한 외곬의 기질

조지 쉰 『의욕의 기적』 **목표에 전력을 쏟기 위해서는 애착과 결심과 외곬의 기질이 있어야 한다.** 노력의 대상에 끊임없는 애착을 가져야 하며 목표의 달성에 망설임이나 의심이 없는 결심이 있어야 한다.

━━ 미국의 기업가이자 저술가인 조지 쉰은 가난한 집안에서 태어나 자수성가한 인물입니다. 직물공장과 세차장에서 일하기도 하고 학교 수위로 일하기도 했던 쉰은 대학 졸업 후 사업에 성공하여 자신이 다녔던 대학을 비롯해 여러 대학을 사들이기도 했습니다.

그의 그런 성공에 목표를 향한 애착과 결심과 외곬의 기질이 열쇠가 되었음은 의심할 필요가 없겠죠.

지속적으로 무언가에 매달리지 않고서는 가치 있는 일을 성취하기란 불가능한 일입니다. 집요하게 파고드는 자세, 전부를 건다고 할 수 있을 정도의 노력, 사랑하는 사람을 대하듯 자신의 일을 대하는 태도 등이 어우러질 때 귀한 결실을 얻을 수 있겠지요.

Letter

목표를
달성한 후

올 2월 열린 밴쿠버 동계 올림픽에서 여자 피겨스케이팅 금메달을 목에 건 김연아 선수는 얼마 후 열린 세계선수권 대회의 쇼트 프로그램에서 기대에 못 미치는 연기를 보였습니다. 당시 다음과 같은 기사가 실렸습니다.

"AP통신은 22일 브라이언 오서 코치와의 인터뷰를 통해 김연아 선수가 올림픽 직후 동기의식이 없어져 어려움을 겪었다고 보도했다."

15년간 올림픽 우승이라는 하나의 목표를 향해 달려온 사람이라면 그 목표를 달성한 후 상당한 심리적 후유증을 겪는 게 자연스런 일일 것입니다.

김연아 선수가 아니더라도 성취해야 할 목표를 향해 열심히 달려온 사람이라면 막상 정상에 섰을 때는 '내가 이것을 이루기 위해 그 길고 긴 시간을 그토록 노력해 왔나' 하는 생각을 하게 될 겁니다.

사람에 따라 정도의 차이는 있겠지만 허탈감이나 상실감 등 다양한 후유증을 경험하게 되지요. 그래서 정상 정복에 성공한 사람들은 때로는 예상할 수 없을 정도로 도발적인 사건으로 주변 사람들을 당혹시키는 실수를 범할 수도 있습니다.

누구든 정상에 서는 데 성공했거나 정상에 거의 접근했다면 그 후에는 일정 기간 충분한 휴식을 취하는 것이 좋습니다.

걸어온 길을 찬찬히 돌아보고 지금부터는 무엇을 위해 다시 노력해야 하는가라는 '목적지 재설정' 작업이 반드시 필요하지요. 자신의 정체성과 삶의 의미를 다시 생각해 보고, 목표를 다시 짜는 것입니다.

다행히 김연아 선수는 세계선수권대회에서도 결과적으로 은메달을 목에 걸며 선전했습니다. 하지만 김연아 선수 주변의 어른들 가운데 심적인 면의 중요성을 알고 있는 사람이 있었다면 김 선수에게 충분한 휴식기를 주는 선택을 하지 않았을까요?

인생에는 '질주의 시간'도 있어야 하지만 '모색의 시간'과 '성찰의 시간'도 있어야 하지요. 빠르게 달려가는 시간도 있어야 하지만, 의도적으로 속도를 낮추고 천천히 나아가는 시간도 있어야 합니다. 이 둘이 잘 조화를 이룰 때 더 나은 인생을 만들 수 있습니다.

한마디로 말해서 인생에서도 완급을 조절해 나가는 일이 중요합니다.

7장

스스로를 완성하기 위하여
나로 살다

완성의 순간에 도달할 때까지

발타자르 그라시안 자신을 완성시켜라. 우리는 완성된 상태로 태어나지 않는다. 날마다 조금씩 우리는 인격과 직업에서 완성되어 간다. 우리가 완성의 순간에 도달할 때까지.

━ 매일매일의 삶은 완성을 향한 여정입니다. 오늘은 어제보다 나은 자신을 향해서 나아가는 그런 여정 말입니다. 그러니 지금 내가 부족하다고 좌절할 필요도 없고 실망해서도 안 됩니다. 내일은 이런 면에서 조금 더 나은 나로 만들도록 노력하고, 내년에는 저런 면에서 더 나은 내가 될 수 있도록 노력하는 것이 중요합니다.

그러다 보면 점점 더 완성되어 가는 자신을 발견할 수 있을 것이며, 그 과정에서 자신에 대한 애정과 믿음도 점점 더 커져가는 것을 느낄 수 있을 것입니다.

'무엇'보다는 '어떻게'

영화 〈스타트렉 : 넥스트 제너레이션〉에서 장 뤽 피카드 선장의 대사 시간은 인생이라는 여행길에서 우리와 함께 하는 동료다. 시간은 우리에게 매 순간은 결코 돌아오지 않기 때문에 소중하게 여겨야 한다는 사실을 상기시켜준다. 우리가 뒤에 남기는 것은 우리가 어떻게 살아왔는가 하는 것만큼 중요하지 않다.

━━ 세상을 떠날 때 무언가를 남기는 것이 무슨 의미가 있을까요?
우리가 돈을 얼마나 모았던가? 우리가 어떤 자리에 앉았던가? 우리가 얼마나 대단한 명성을 누렸던가? 이보다 더욱 중요한 것은 인생의 순간순간을 어떻게 살고 대했는가 하는 점일 것입니다. 지나온 날들을 되돌아보면 자리나 명성이 아니라 '순간순간을 어떻게 살아왔는가'처럼 중요한 게 없습니다. 자기 자신에게 자주 물어보세요. 정말 순간순간 후회하지 않도록 제대로 살아가고 있는지를.

자신이 누구인지 알고 싶다면

토머스 제퍼슨 자신이 누구인지 알고 싶은가? 그렇다면 묻지 마라. **행동하라!** **행동만이 당신이 누구인지 설명해 주고 정의해 줄 것이다.**

━━ 한 사람이 어떤 사람인지는 말보다는 그 사람의 행동을 통해 알 수 있습니다. 아무리 자기 입으로 "나는 부지런해" "나는 다른 사람들을 돕는 걸 좋아해"라고 말해도 그런 모습을 행동으로 보여주는 것만 못합니다. 행동이 말보다 힘이 셉니다. 행동으로 보인 모습이 훨씬 사람들의 머릿속에 깊이 각인됩니다.

자기가 어떤 사람인지 알고 싶을 때도, 다른 사람들에게 자신이 어떤 사람인지 보이고 싶을 때도, 또한 다른 사람들이 어떤 사람들인지 알고 싶을 때도, 행동을 보세요. 행동은 말보다 훨씬 설득력 있는 언어입니다.

현대인들에게
필요한 것은
내면으로 눈을
돌리는 일이다.

내면의 소리를 들어라

법정 『일기일회』 **사람답게 살려면 안으로 귀 기울일 줄 알아야 합니다. 바깥의 현상에 팔리지 말고 고요히 내면의 소리를 들을 줄 알아야 합니다.**

━━ 물질적으로 우리의 삶은 눈부시게 나아지고 있습니다. 그러나 사람들은 과거에 비해 행복한 것 같지 않습니다. 오히려 과거에 비해서 불만이 더 많아진 것 같지요. 외부로부터의 자극이 훨씬 강해진 시대이기 때문입니다. 남들은 어떤 집에 살고 있고, 남들은 무엇을 갖고 있고……

현대인들에게 필요한 것은 내면으로 눈을 돌리는 일입니다. 외부의 자극이 강해질수록 내면의 소리에 귀를 기울여야 합니다. 삶의 의미를 묻고 자신의 삶을 점검해야 합니다. 그렇게 중심을 잃지 않고 살아갈 수 있도록 해야 합니다.

저 역시 다른 사람의 남다른 성취에 눈길이 갈 때가 있습니다. 그럴 때면 저 자신에게 '사람이 모든 걸 다 갖고 살 수 있나'라고 말합니다. 그리고 내가 갖고 있는 것이나 성취한 것을 떠올리며 감사합니다.

새로운 기분으로
하루를
시작하는 법

얼마 전부터 저도 트위터 이용자 대열에 동참했습니다. 트위터의 매력은 전 세계 사람들과, 그리고 동시에 여러 명과 실시간으로 대화를 나눌 수 있다는 점이지요.

어제는 한 분이 월요일을 씩씩하게 시작할 수 있게 해줘서 고맙다는 트윗을 남겼더군요. 그래서 제가 한 가지 아이디어를 냈습니다. '새로운 기분으로 하루를 시작하는 방법이 뭘까요?'라는 질문을 트위터에 남긴 것이지요. 그렇게 해서 팔로워들을 통해 모아진 아이디어가 24가지나 됩니다.

* 새로운 기분으로 하루를 시작하는 법

1 새로운 곳에 가보고 새로운 사람 만나기
2 출근 시 살짝 향수 뿌리기 (타인에게 폐를 끼치지 않도록)
3 40일간 새벽 기도 하기
4 검정색 모범택시 타고 출근하기 (성공할 날을 그리면서)
5 새로운 장르의 책 읽기
6 출근길에 마주치는 사람과 인사하기
7 아침에 조깅하기

8　아침에 목욕 다녀오기
9　익숙한 길 말고 다른 길로 퇴근하기
10　업종이 다른 사람을 만나서 얘기 나누기
11　트위터 댓글 달기
12　새로운 계획 세우기
13　목적지 한 정거장 전에 내려 주변을 찬찬히 보면서 걷기
14　출근길에 친구에게 안부 문자 보내기
15　108배로 하루 열기
16　거울을 보며 자기 격려하기 (아무개 파이팅! 하고 외치기)
17　새로운 취미 갖기
18　다른 사람 돕기 (노인을 위한 도시락 봉사, 아이들을 위한 청소 봉사 등등)
19　머리 상큼하게 자르기
20　조깅하면서 자기 자신에게 굳게 다짐하기
21　퇴근길에 붉은 노을 보고 감탄하기
22　느릿느릿하게 산책하면서 생각하기
23　좋은 책 구절을 마음에 새겨 넣기
24　항상 매사에 감사, 감사, 또 감사하기

트위터에서 힘을 모아보니 순식간에 이렇게 좋은 아이디어들이 나옵니다. 문명의 이기를 통해 '집단 지성'을 극대화할 수 있게 된 것이지요. 인간의 아이디어가 세상을 바꿔가는 것을 그 현장에서 경험하는 것은 참으로 흥미로운 일입니다.

당장 할 수 있는 것부터 하라

스튜어트 에이버리 골드 『리스타트 핑!』 인생의 무한한 기회를 기꺼이 받아들이기 위해서, **무언가 되기(be) 위해서는 무언가 해야만(do) 하는 거야.**

━━ 이는 삶의 모든 면에서 기본이 되는 원칙입니다. 무언가를 해야 하지요. 가만히 앉아서 생각만 해서는 아무것도 이룰 수 없습니다. 학교 성적이, 업무적인 성취가, 인간관계가, 자기계발이, 인생의 성공이 다 그렇지요. 그런 면에서는 삶이란 것이 공정하다는 생각도 듭니다.

무언가 이루고 싶다면 지금 당장 할 수 있는 것부터 하세요. 좋은 결과를 꿈꾸면서 그 결과를 향해 나아가야 합니다. 지나치게 결과에 연연하지 않고 과정에 충실할 수 있다면 결과가 좋아질 가능성이 높아질 것입니다. 미리 자신의 한계를 정해 둘 필요는 없습니다. 경험은 언제나 그 한계가 쉽게 깨어질 수 있음을 가르쳐주니까요.

자신이라는 은행 계좌

브라이언 로빈슨 『워커홀리즘』 당신을 은행 예금 계좌로 생각하라. 항상 인출만 한다면 감정적 파산 상태가 될 수 있다. …… 매일 스스로를 위해 쓸 수 있는 15분을 떼어놓고 그것을 내면의 시간(internal time) 또는 매일의 예금시간(daily deposit time)이라 부르도록 하라.

▬ "항상 인출만 한다면 감정적 파산 상태가 될 수 있다." 명심해야 할 말입니다. 버스도, 기차도, 잠시도 쉬지 않고 달려가기만 하면 엔진이 과열되어 터지거나 나사가 풀려 선로를 이탈할 수 있습니다. 지쳐 나가떨어지지 않도록 스스로 에너지를 충전하는 습관을 들여야 합니다. 약간의 시간을 떼어내서 그 시간 동안은 분주한 일상으로부터 잠시 거리를 두는 것이지요. 그리고 정서적 에너지를 저축하는 겁니다.

다시
젊은 날이
온다면

  누군가 "아이가 올해 대학에 입학했는데 뭘 하라고 권하면 될까요?"라는 질문을 해 왔다고 가정해 보죠. 그러면 여러분은 어떤 조언을 해주시겠습니까?
  저에게 그런 질문이 주어진다면 저는 "형편이 된다면 유럽을 비롯해서 다른 나라를 여행할 수 있는 기회를 주세요"라고 답하겠습니다.
  여행에서 보고 듣고 느낀 것은 평생을 살아가는 데 큰 자산이 됩니다. 책에서도 많은 것을 배울 수 있지만 여행을 통해 직접 체험한 것은 그 영향력의 정도가 다르지요. 물론 나이가 들어서도 여행은 할 수 있습니다.
  그러나 젊은 날의 강력한 체험이나 추억은 나이 들어서 하는 여행과는 비교할 수 없을 것입니다. 나이 들어서 하는 여행은 자칫 '관람'으로 변질될 우려가 있습니다.
  저는 20대 중반에 프랑스를 비롯한 서유럽을, 그리고 30대 초반에 로마와 르네상스 문명을 접할 수 있었습니다. 당시의 기준으로 보면 그다지 늦은 나이는 아니었습니다. 그런데도 일본의 중견 작가나 지식인들의 글을 접할 때면 1960년대와 1970년대에 일본의 많은 젊은이들이 서구 유럽을 마음껏 활보하고 다녔다는 사실에 부러움을 느끼게 됩니다. 물론 지금도 여행을 다녀올 수 있는 기회가 많지만 20대 시절의 여행과는 다르기 때문입니다.

얼마 전에 국내에 소개된 세계적인 건축가 안도 다다오의 자서전에는 1965년에 찍은 그리스 아크로폴리스 언덕의 흑백사진과 함께 이런 내용이 나옵니다.

"추상적인 언어로 아는 것과 실제 체험으로 아는 것은 같은 지식이라도 그 깊이가 전혀 다르다. 첫 해외여행에서 나는 생전 처음으로 지평선과 수평선을 보았다. 지구의 모습을 온몸으로 느끼는 감동이 있었다. …… 눈에 비치는 것 전부가 신선하고, 더 흥미로운 것은 없을까 하며 여행 내내 그저 걷고 또 걸었다."(안도 다다오『나, 건축가 안도 다다오』)

형편은 넉넉하지 않았지만 여행을 하고자 하는 손자에게 안도 다다오의 외할머니는 "돈은 쌓아두는 게 아니다. 제 몸을 위해 잘 써야 가치 있는 것이다"라는 말로 격려를 아끼지 않았다고 합니다. 안도 다다오는 "외할머니의 말씀대로 20대에 여행을 한 기억은 내 인생에 둘도 없는 재산이 되었다"고 말합니다.

20대, 30대의 여러분은 물론이고 40대 이후인 분들도 지금이 여러분 인생에서는 가장 젊은 때이니, 지금부터라도 여행을 떠나세요. 넓은 세상을 만나 여러분의 삶의 지평을 넓히세요.

여행에서
보고 듣고 느낀 것은
평생을 살아가는 데
큰 자산이 된다.

선택하는 것은 곧 포기하는 것이다

조지 레너드 『달인』 하나의 목표를 선택한다는 것은 수많은 다른 목표들을 버리는 것을 의미한다.

▬ 선택하는 것은 동시에 포기하는 일이지요. 하나를 선택하면 하나는 포기해야 하니까요.
결정을 잘 내리지 못하고 우유부단한 사람은 욕심이 많아서 그런 것입니다. 이것도 포기하지 못하겠고 저것도 포기하지 못하겠어서 안절부절 결정을 못 내리는 것이죠. 하지만 입에 물고기를 문 채로 물속에 비친 물고기까지 물 수는 없습니다. 과감하게 포기하고 목표에 명료하게 집중해야 성과를 얻을 가능성이 높아집니다.
자질구레한 것들은 확실히 포기해 버리세요. 잘 포기해야만 제대로 얻을 수 있습니다.

지금 가슴으로 살고 있는가?

딘 카르나제스 『울트라마라톤 맨』 배너는 내게 달리기를 향한 열정을 심어주었고, 그가 가르쳐준 인생에 대한 교훈은 가치 있는 것이었다. …… 그는 내게 "가슴으로 뛰라"고 말했었다.

━━ 딘 카르나제스는 MBA 출신의 잘 나가는 화이트칼라였으나 문득 삶의 공허감을 느낀 끝에 달리기를 시작했고, 마침내 마라톤의 열 배에 달하는 약 420킬로미터를 일흔다섯 시간 동안 잠도 자지 않고 완주하기까지 한 사람입니다.
420킬로미터를 달리는 일은 '가슴으로' 달리지 않으면 불가능한 일이겠지요. 이 글을 읽으면서 저 역시 제 자신에게 '과연 나는 가슴으로 살고 있는가?'라는 질문을 던져보았습니다. 여러분은 어떠세요? 가슴으로 살고 계세요, 머리로 살고 계세요? 아니면 그저 관성의 법칙에 따라 살고 계시진 않나요?

세상은 우리가 보는 대로 보인다

달라이 라마 매 순간의 행복이 대개 우리가 세상을 어떻게 보는가에 달려 있다.

━ 행복을 느끼는 데에 객관적이고 절대적인 기준이 없다는 것은 모두 알고 계시겠지요. 주변 사람을 보면서 '저 사람이 왜 행복하지 않을까? 저렇게 부족한 게 없는데……'라는 생각을 해본 적이 있을 것입니다.

세상은 우리가 보는 대로 보입니다. 노란색 색안경을 쓰고 보면 노랗게 보이고 파란색 색안경을 쓰고 보면 파랗게 보이는 것과 같은 이치입니다. 물론 늘 긍정적이고 감사하는 눈으로 세상을 보는 게 쉬운 일은 아니지요. 그런 눈을 타고난 사람도 있지만, 많은 경우 노력을 해야 그런 눈을 가질 수 있습니다. 하지만 누구든 가질 수 있지요. 누구든 행복해질 수 있습니다.

어려울 때 진가가 발휘된다

아서 골든 역경은 세찬 바람과 같다. 역경은 찢어질 수 없는 것은 제외한 거의 모든 것을 우리들로부터 빼앗아가 버린다. 그 결과 우리는 우리 자신이 진정으로 누구인가를 알아차리게 된다.

▬ 어려움이 닥친 상황에서 한 사람의 진가가 드러납니다. 아무런 문제 없이 모든 게 다 잘되어갈 때는 그 사람의 능력이나 인격의 깊이를 알기가 힘듭니다. 아울러 거품이 씌워져 있는 경우도 적지 않지요. 하지만 어려움이 닥치면 우리가 어떤 사람인지가 고스란히 드러납니다.

그런 만큼 어쩌면 살면서 큰 어려움을 겪어볼 필요도 있는 것 같습니다. 그래야 자신이 어떤 사람인지 알 수 있게 될 테니까요. 그렇게 자신의 한계를 알고 나면 한결 겸허해진 자세로 세파와 싸워 이길 수 있는 힘을 얻을 수 있을 것입니다.

* 아서 골든(Arthur Golden, 1956~) : 미국의 소설가. 대표작은 〈게이샤의 추억〉.

어려움을 겪어봐야
자신이 진정으로
어떤 사람인지
알 수 있다.

가능성을
향해
나아가세요

얼마 전에 한 강연회에 참석한 적이 있습니다. 강연을 마친 다음 40여 분간 질의응답을 주고받았습니다. 젊은 분들부터 시작해서 중년 분들에 이르기까지 다양한 분들이 참석한 자리였습니다.

저는 '위기, 어떻게 극복할 것인가?'라는 주제로 강연을 했고, 질의응답을 주고받는 가운데 자신을 대학 3학년생이라고 소개한 한 분이 이런 질문을 던졌습니다.

"주변에 보면 공 박사님 주장처럼 10년 정도 집중적인 노력을 했지만 잘 풀리지 않는 사람도 있습니다. 반면에 적당히 노력했지만 의외로 잘 풀려가는 사람도 있는데, 이를 어떻게 해석해야 하겠습니까?"

저는 이렇게 답했습니다.

"모든 것은 가능성의 문제지요. 성실하고 치열하게 공부를 하거나 사업을 한다고 해서 그에게 확실한 미래가 열린다고 어느 누구도 장담할 수 없습니다. 다만 '가능성'이 높아진다고는 얘기할 수 있지요. 행운이나 불운 같은 의외성은 우리 삶에 늘 함께하기 때문입니다. 다만 생각보다 인생이 길기 때문에 반복된 게임이 이루어진다고 생각하면 가능성은 대체로 확률의 법칙으로 수렴되지요.

'열심히 하면 성공한다'는 표현보다는 '열심히 하면 성공 가능성이 높아진다'라는 표현이 더 적합하다고 할 수 있습니다."

이런 답에 더해서 저는 그 학생에게 이런 이야기를 해주었습니다.

"무슨 일을 시도할 때 확실한 것은 아무것도 없습니다. 때문에 불확실함 속에서도 확신을 가져야 하지요. '이것을 시도하면 이런 문제가 있고, 저것을 시도하면 저런 문제가 있다'는 망설임 속에 우왕좌왕하면 세상에 이룰 수 있는 일은 아무것도 없습니다. '이렇게 하면 분명히 잘 될 수 있다'는 믿음을 갖고 우직하게 일정 기간 밀어붙여야 합니다. 그런데 사실 그게 쉬운 일이 아닙니다. 유혹도 많고, 중간에 확신도 옅어지게 되지요. 운 역시 우리 뜻대로 어떻게 할 수 있는 게 아니고요. 감사하면서 기도하는 것 외에는 뾰족한 방법이 없습니다."

살아가면서 우리는 이 길 혹은 저 길, 이런 선택 혹은 저런 선택 앞에서 망설이게 됩니다. 지나치게 생각이 많은 사람들은 머릿속에 수많은 집을 지어보지요. 그러나 아무리 많이 생각하더라도 시간이 가면서 가능성이 현실화되기까지는 아무것도 확신할 수 없습니다. 굳건한 믿음을 갖고 흔들리지 않고 우직하게 자신의 원칙을 고수하면서 나아가야 합니다.

나 자신부터 바꿔야 환경도 바뀐다

제임스 알렌 사람들은 자신의 환경에 대한 개선은 열망하면서도 자기 자신에 대한 개선에는 기꺼이 나서지 않는다. 이것이 그들이 속박에서 벗어나지 못하는 이유다.

▬ 자기 자신을 바꾸는 일이 무엇보다 필요하고 중요합니다. 물론 환경을 바꾸는 일도 동시에 이뤄져야겠지요. 하지만 무엇보다도 자신이 먼저 바뀌어야 합니다. 자신은 그대로인데 주변 환경이 달라진다고 해서 자신의 삶이 뭐가 그렇게 달라지겠습니까?

자신은 아무 문제가 없다고 착각하며 환경만을 탓하는 사람의 삶은 달라질 수 없습니다. 우선은 자신을 돌아보고 자신을 더 나은 사람으로 만들도록 노력해야 합니다. 자신이 더 나은 사람이 되어야 환경도 주도적으로 바꿔갈 수 있습니다.

* 제임스 알렌(James Allen, 1864~1912) : 영국의 명상가, 작가. 작은 해안 마을에서 자신의 스승이었던 톨스토이의 가르침대로 자발적인 가난과 영적인 자기 훈련이라는 이상을 추구하며 살아가고 있으며 '20세기 신비의 문인'으로 불린다.

마음을 다스리는 사람

마빈 토케이어 『탈무드』 인간의 육체는 마음에 의해 좌우된다. ……
그렇기 때문에 세상에서 제일 강한 인간은 자신의 마음을 스스로
조종할 수 있는 인간이다.

▬ "자신의 마음을 다스리는 자는 천하를 얻을 수 있다"고
했습니다. 마음과 생각의 중요성을 강조한 이야기들은 앞에
서도 여러 번 만났는데, 『탈무드』에도 역시 같은 이야기가 나
오는군요.
늘 자신의 마음을 들여다보며 희로애락을 적절히 제어할 수
있어야 합니다. 자신의 마음을 다스릴 수 있으면 세상을 다스
릴 수 있습니다. 각자에게 있어 세상의 중심은 바로 자기 자
신, 자기 마음이니까요.
마음이 이리저리 함부로 날뛰지 않도록 다스리는 데는 상황
을 지긋이 바라보는 습관도 도움이 됩니다. 우리의 마음속에
서는 항상 밝은 마음과 어두운 마음, 선한 마음과 악한 마음,
긍정적인 마음과 부정적인 마음이 서로 맞서며 주도권 싸움
을 벌이고 있습니다. 늘 앞의 마음이 뒤의 마음을 누르고 승
리할 수 있도록 적극 응원해 주세요.

Letter

초식인간으로
사는 것

얼마 전에 '초식 일본인'이라는 제목의 기사를 읽었습니다(Blaine Harden, 〈Grass-eating Japanese〉, 2010. 4. 11). 기사의 제목이 인상적이어서 유심히 읽어보았습니다.

기사는 내년에 대학 졸업을 앞둔 다쿠야 씨가 미국의 톱 경영대학원에서 MBA 과정을 밟으려던 계획을 변경하여 일본의 한 대학원에 진학할 예정이라는 내용을 소개하고 있었습니다. 그는 이렇게 말합니다.

"나는 '초식인간(grass-eater)'이다. '초식인간'은 스트레스를 줄이고 가능한 한 위험을 피하면서 주어진 환경에서 편안하게 풀을 먹고사는 사람을 말한다."

그런데 다쿠야 씨처럼 생각하는 젊은이들이 일본에는 적지 않은 모양입니다. 2009년 가을 학기 하버드대학교에 입학한 일본 학생이 단 한 명에 불과했다고 합니다. 하버드대뿐만 아니라 전반적으로 미국의 일본 유학생 수가 크게 줄어들었다고 합니다. 《뉴욕타임스》에 따르면 학부생의 경우는 2000년에 비해 52퍼센트, 대학원생은 27%나 줄어들었습니다.

사냥을 하거나 모험을 할 필요 없이 조용히 주어진 풀을 뜯어먹으며 사는 인생. 그렇게 오래오래 살 수 있다면 좋겠지요. 때로는 그런 삶이 가능하기도 합니다. 그러나 대부분의 사람들은 그렇게 살아갈 수가 없습니다.

더 근본적인 질문은 '초식인간'으로 살아가는 것이 과연 올바른가 하는 점입니다. 누구도 어느 게 정답이라고 말할 수는 없겠지요. 각자가 갖고 있는 인생관에 따라 답은 다르겠지요. 저는 단호하게 "아니다"라고 답하겠습니다.

그런 삶을 좇는다고 해서 과연 손에 넣을 수 있을까요? 그런 삶 자체가 삶의 목적이 되는 경우, 그런 인생을 살 수 있는 가능성은 오히려 낮아지지 않을까요?

나이가 한 살이라도 젊을 때는 위태위태할 정도로 무언가를 향해 돌진해야 하고, 위험을 기꺼이 안고 도전해야 합니다. 그렇게 하다 보면 거기에 약간의 행운이 더해지면서 안정적이고 편안한 삶을 얻게 되는 것이지요.

인생의 초년부터 '난 안정적이고 편안한 인생을 살 테야'라는 마음을 먹고 남들이 간 길, 무난한 길을 선택하면 인생의 중후반으로 갈수록 고생길에 들어설 가능성이 높아지지요.

누군가 젊은 나이라면, 안정적이고 편안한 인생을 궁극적으로 원한다면, 그 반대의 길로 가보라고 권하고 싶습니다.

젊은 나이라면,
안정적이고 편안한 인생 대신
그 반대의 길로
가보라고 권하고 싶다.

돈이 열정을 보충해 줄 수는 없다

톰 피터스 단지 돈을 위해서 혹은 다른 사람들을 기쁘게 하기 위해서 경력을 시작하지 마라. 특히 그것이 당신이 사랑하는 일이 아니라면 말이다. 조만간 돈이 당신이 느끼는 열정의 부족을 보충해 줄 수 없음을 알게 될 것이다.

━━ 우리가 살아가는 데는 돈이 참 중요하지요. 자본주의 사회에서 돈의 중요성을 폄하하는 것은 어리석은 일일 수 있습니다. 하지만 아무리 돈이 중요하다 해도 돈이 채워줄 수 없는 것들은 많습니다. 함께하는 사람들과의 관계와 일에서 느끼는 재미나 보람 등도 돈만큼 중요합니다.

취직을 할 때 첫 번째 고려사항이 돈이거나, 전직을 하려는 중요한 이유가 돈 때문이라면 톰 피터스의 조언을 마음에 깊이 새겨보세요. 일을 찾을 때 돈이나 다른 사람들에게 보이는 것보다 중요한 것은 내가 그 일을 얼마나 하고 싶어 하느냐, 얼마나 잘할 수 있느냐, 얼마나 오랫동안 할 수 있을 것이냐, 그리고 그 일이 미래를 개척하는 데 얼마나 도움이 될 것이냐 등입니다. 특히 전직 과정에서 얼마간의 돈을 더 벌 수 있다는 유혹에 흔들려 잘못된 판단을 내리지 않도록 해야 합니다.

마음의 잡동사니를 버려라

에드워드 M. 할로웰 『창조적 단절』 현대는 유별나게 주의력을 도둑맞고 있다. 그 주범 네 가지를 꼽자면 서두름, 과잉 정보, 걱정, 잡동사니이다.

━ 에드워드 할로웰은 하버드대학교 의대 교수 출신으로, 주의력결핍장애(ADHD) 분야 전문가로 활약하던 중 ADHD와 유사한 증상을 호소하는 사람들이 급격히 증가하는 것을 눈치 챘다고 합니다. 그리고 그렇게 사람들을 주의력 결핍 상태로 만드는 것으로 바로 위의 네 가지를 지적하고 있습니다. 공감하는 분들이 많으리라 생각합니다.

서두름은 의도적인 여유와 느슨함으로, 과잉 정보는 의식적인 정보 유입의 통제로, 걱정은 건설적인 긴장감을 삶의 한 부분으로 여기는 마음가짐으로, 잡동사니는 불필요한 정보를 즉시 버리는 것으로 대응하면 어떨까요?

신이 도와주고 싶을 정도로

이나모리 가즈오 『왜 일하는가』 **신이 손을 뻗어 도와주고 싶을 정도로 일에 전념하라.** 그러면 아무리 고통스러운 일일지라도 반드시 신이 손을 내밀 것이고, 반드시 성공할 수 있을 것이다.

━━ 이나모리 가즈오는 전자기기, 정보기기, 태양전지, 세라믹 관련 기기 제조업체인 일본 교세라 그룹의 창업자입니다. 편한 일, 쉬운 일, 금세 효과가 나는 일을 선호하는 사람들이 늘어나는 세태에 대해서 인생과 경영의 연륜이 상당한 분이 주신 귀한 조언이군요.

'신이 손을 뻗어 도와주고 싶을 정도로'라는 말이 인상적입니다. 단순히 '열심히, 최선을 다해서, 있는 힘껏' 같은 표현과는 차원이 다르네요. 그 정도로 일에 전념해 본 사람만이 할 수 있는 표현이 아닐까 합니다.

자신이 행하는 일에 대해 '하늘이 감동할 정도로'라는 수준의 목표를 두고 임한다면 성공하지 않을 수 없을 것입니다. 이왕 해야 하는 일이라면 '신이 손을 뻗어 도와주고 싶을 정도로 열심히 하자'라는 말을 가슴에 새겨보세요.

감사는 행복의 열쇠

다비드 슈타인들-라스트 수사 **감사함은 우리의 손 안에 있는 행복한 인생의 열쇠다.** 감사하지 않는다면, 아무리 많은 것을 소유하더라도 행복하지 않을 것이기 때문이고, 늘 다른 것이나 더 많은 것을 갖고 싶어 할 것이기 때문이다.

━ 1926년에 오스트리아 빈에서 태어난 다비드 슈타인들-라스트(David Steindl-Rast) 수사는 은둔하는 수도승의 삶과 다섯 개 대륙을 넘나들며 수많은 사람들에게 삶의 지혜에 대해 강연을 하는 삶을 병행해 오고 있는 분입니다.

언제 어디서나 감사할 수 있다면, 극복할 수 없는 고난은 없습니다.

언제 어디서나 감사할 수 있다면, 늘 겸허하게 최선을 다할 수 있습니다.

언제 어디서나 감사할 수 있다면, 타인에게 도움과 위안의 손길을 내밀 수도 있지요.

언제 어디서나 감사할 수 있다면, 행복할 수 있습니다.

싫은 사람에게
어떻게
대하세요?

어제 일반인을 위한 자기경영 아카데미를 진행하던 중, 한 분이 이런 질문을 하시더군요.

"공 박사님, 직장 내에 아주 보기 싫은 사람이 있으면 어떻게 할까요?"

그래서 저는 이렇게 답했습니다.

"어디를 가나 자신과 다른 사람을 만날 수밖에 없는 것이 세상살이가 아니겠습니까? 그냥 '이 사람은 원래 이런 사람이구나' 하고 마음을 정리해 버리고 아무 일도 없는 것처럼 생활하면 되지 않을까요? 우리가 유일하게 다스릴 수 있는 것은 자기 마음밖에 없습니다. 타인을 어떻게 할 수 있겠어요."

어제 저녁 늦게 바바라 월터스의 자서전 후반부를 읽던 중이었습니다. 존슨 대통령의 부인과 오스틴에서 가졌던 인터뷰의 한 대목이 매우 인상적이었습니다.

바바라 월터스가 "남편의 명예를 훼손하는 자들 때문에 화가 난 적이 있었나요?" 하고 묻자 존슨 전 대통령의 부인은 이렇게 답합니다.

"분노를 안고 살기에는 삶과의 이별에 너무 가까이 와 있지요."

바바라 월터스는 "그녀가 해준 답변을 나는 지금까지 잊을 수가 없는 것은 물론이고, 나도 그녀가 한 말대로 살아보려고 노력하고 있다"라고 말합니다.

"분노를 안고 살아가기에는 삶과의 이별이 너무 가까이 와 있다", "분노를 안고 살아가기에는 우리의 삶은 너무나 짧다"라고 바꿔 말할 수도 있겠지요.

상대방의 무례함이나 당돌함 때문에 이따금 마음이 상할 때가 있습니다. 그럴 때면 되새겨볼 수 있는 멋진 말입니다.

우리의 삶은 분노하고, 비난하고, 불쾌해하면서 살아가기엔 너무 짧습니다. 가능한 한 많이 웃고, 즐거워하고, 감사하고, 기뻐하며 살아가야지요.

 # 공병호가 만난 지혜의 서재

글렌 밴 에커렌, 『행복을 부르는 12가지 주문』, 해냄, 2000
기 코르노, 『마음의 치유』, 북폴리오, 2006
기타 야스토시, 『동행이인』, 21세기북스, 2009
나다니엘 브랜든, 『자존감』, 비전과 리더십, 2009
나폴레온 힐, 『1년 안에 행복한 부자가 되는 지혜』, 국일미디어, 2004
나폴레온 힐, 『나폴레온 힐 성공의 법칙』, 중앙경제평론사, 2007
노먼 빈센트 필, 『적극적 사고방식』, 세종서적, 2001
데니스 웨이틀리, 『데니스 웨이틀리의 승자의 심리학』, 예문, 2007
데이비드 슈워츠, 『리더의 자기암시법』, 아름다운사회, 2004
도널드 클리프턴, 톰 래스, 『당신의 물통은 얼마나 채워져 있습니까?』, 해냄, 2005
도널드 트럼프, 『반드시 해내겠다 말하라』, 중앙북스, 2010
딘 카르나제스, 『울트라마라톤 맨』, 해냄, 2005
로빈 샤르마, 『나를 바꾼 하룻밤 인생수업』, 더난출판사, 2007
로자베스 모스 캔터, 『자신감』, 황금가지, 2008
롭 스턴스, 『승리의 법칙』, 아르고스, 2005
루 매리노프, 『철학 상담소』, 북로드, 2006
리처드 브랜슨, 『내가 상상하면 현실이 된다』, 리더스북, 2007
마사 베크, 『길을 헤매다 만난 나의 북극성』, 21세기북스, 2006
마쓰시타 고노스케, 『이루어질 것은 이루어진다』, 더난출판사, 2005
마이클 겔브, 『거인의 어깨 위에 올라서라』, 청림출판사, 2003
마이클 디버, 『미국을 연주한 드러머, 레이건』, 열린책들, 2005
무라카미 하루키, 『먼 북소리』, 문학사상사, 2004
미하이 칙센트미하이, 『몰입 Flow』, 한울림, 2004
박종인, 『행복한 고집쟁이들』, 나무생각, 2010
법정, 『일기일회』, 문학의 숲, 2009
브라이언 로빈슨, 『워커홀리즘』, 북스넛, 2009
빌 게이츠 시니어, 『게이츠가 게이츠에게』, 국일미디어, 2010
스기야마 히로미치, 『회사라는 사막이 오아시스로 바뀌는 100가지 물방울』, 에이지 21, 2007

스테판 M. 폴란, 마크 레빈, 『8가지만 버리면 인생은 축복』, 명진출판사, 2007
스튜어트 에이버리 골드, 『리스타트 핑!』, 웅진윙스, 2010
시마 노부히코, 『돈 버는 감성』, 젠북, 2008
안도 다다오, 『나, 건축가 안도 다다오』, 안그라픽스, 2009
안승갑, 『거리의 남자, 인문학을 만나다』, 따뜻한손, 2009
양창순, 『마인드 포스』, 흐름출판, 2007
에드워드 M. 할로웰, 『창조적 단절』, 살림Biz, 2008
에란 카츠, 『천재가 된 제롬』, 황금가지, 2007
에크낫 이스워런, 『인생이 내게 말을 걸어왔다』, 웅진윙스, 2007
엘리자베스 퀴블러 로스, 『인생수업』, 이레, 2006
웨인 다이어, 『행복한 이기주의자』, 21세기북스, 2006
이나모리 가즈오, 『왜 일하는가?』, 서돌, 2010
이외수, 『아불류 시불류』, 해냄, 2010
잭 캔필드, 『잭 캔필드의 Key』, 이레, 2008
제임스 알렌, 『원인과 결과의 법칙』, 북타임, 2009
조 비테일, 『자기긍정의 힘 Yes』, 라이프맵, 2010
조지 레너드, 『달인』, 여름언덕, 2009
조지 쉰, 『의욕의 기적』, 문예출판사, 2004
존 맥도널드, 『꿈의 기술』, 21세기북스, 2004
카마다 마사루, 『판단을 주저하는 사람은 미래가 없다』, 2002
케빈 로버츠, 『러브마크 이펙트』, 서돌, 2007
켄 블랜차드 외, 『춤추는 고래의 실천』, 청림출판사, 2009
켄 블랜차드, 윌리 암스트롱, 『멀리건 이야기』, 21세기북스, 2007
파울로 코엘료, 『흐르는 강물처럼』, 문학동네, 2008
피터 템즈, 『목적의 힘』, 한국경제신문사, 2010
호리바 마사오, 『남의 말을 듣지 마라』, 이레, 2004
혼다 켄, 『부자가 되려면 부자에게 점심을 사라』, 더난출판사, 2004
M. 스캇 펙, 『아직도 가야 할 길』, 열음사, 2007

이 책에 사용한 인용문들은 해당 저작권자에게 허락을 구하여 사용한 것입니다. 미처 허락을 얻지 못한 몇몇 자료들의 경우, 추후 연락을 주시면 사용에 대한 허락을 구하도록 하겠습니다. 협조해 주신 분들께 감사드립니다.

공병호의 우문현답

초판 1쇄 2010년 9월 27일
초판 15쇄 2016년 3월 20일

지은이 | 공병호
펴낸이 | 송영석

편집장 | 이진숙 · 이혜진
기획편집 | 정진라 · 목유경 · 박혜미 · 박신애 · 박성근
외서기획 | 박수진
디자인 | 박윤정 · 박새로미
마케팅 | 이종우 · 한명회 · 김유종
관리 | 송우석 · 황규성 · 전지연 · 황지현

펴낸곳 | (株)해냄출판사
등록번호 | 제10-229호
등록일자 | 1988년 5월 11일
서울시 마포구 잔다리로 30(서교동 368-4) 해냄빌딩 5 · 6층
대표전화 | 326-1600 **팩스** | 326-1624
홈페이지 | www.hainaim.com

ISBN 978-89-7337-299-7

파본은 본사나 구입하신 서점에서 교환하여 드립니다.